AF359577

DÉPARTEMENT DU HAUT-RHIN

VILLE DE COLMAR

PROJET DE CHEMIN DE FER

DE

COLMAR AU RHIN

PAR

NEUF-BRISACH

Documents officiels

COLMAR

IMPRIMERIE ET LITHOGRAPHIE DE CAMILLE DECKER

RUE DES CLEFS, 98

1869

VILLE DE COLMAR

PROJET DE CHEMIN DE FER DE COLMAR AU RHIN

DEMANDE DE CONCESSION

EXTRAIT DES REGISTRES DU CONSEIL MUNICIPAL

Séance du 6 Août 1867

Présents : MM. de Peyerimhoff , Maire - Président ;
Doyen et Stoecklin, adjoints ; Rencker, Wilhelm, Levy,
Math. Richert, Ernst, Muller, Bon Rheinwald, Brunck,
Fleurent, Ostermeyer, Jeannin, Fleischhauer, Widerkehr,
Mathieu-Saint-Laurent et Birckel.

L'ordre du jour appelle le Conseil municipal à délibérer
sur les mesures à prendre pour réaliser la construction
d'un chemin de fer de Colmar au Rhin.

M. le Maire donne lecture du rapport suivant :

MESSIEURS,

La ville de Colmar a pris, en 1860, l'initiative d'un projet qui, depuis cette époque, n'a cessé de préoccuper l'opinion publique dans le centre de l'Alsace. Il s'agissait de
rechercher la solution pratique d'une idée qui avait surgi

dans quelques esprits sérieux, celle de supprimer, par la main de l'homme, les obstacles élevés par la nature entre l'Alsace centrale et l'intérieur de la France, et de lui ouvrir en même temps un débouché direct vers l'Allemagne méridionale. Franchir au moyen d'un chemin de fer, le massif vosgien, par la vallée de Munster, prolonger ce chemin, par-dessus le Rhin, jusqu'à Fribourg, relier ainsi par un trait d'union les intérêts nationaux qui, au-delà des Vosges, comme au-delà du Rhin, cherchent à se rapprocher pour créer un nouveau courant commercial, favorable aux échanges, tel était le but entrevu, dans un horizon plus ou moins lointain, par le Conseil municipal de Colmar. Le projet de chemin de fer de Munster à Colmar, aujourd'hui en pleine voie d'exécution, contenait en germe cette idée. Envisagée avec le calme qui convient à toute œuvre sérieuse, dégagée de toute visée chimérique et s'appuyant uniquement sur le raisonnement qui puise sa force dans la statistique des faits, cette idée devait nécessairement faire son chemin à une époque qui, comme la nôtre, accorde une si grande place aux questions économiques.

Aussi n'avons-nous point failli au devoir patriotique qu'elle nous imposait. Aidée du concours des communes de la vallée de Munster et de la ville de Neuf-Brisach, la ville de Colmar a fait les frais, relativement considérables, des études du projet, comprenant trois sections : 1o celle d'Arches à Munster, 2o celle de Munster à Colmar, 3o celle de Colmar au Rhin. L'étude confiée à MM. Müntz, ingénieur en chef, et Gauckler, ingénieur, fut terminée en 1862, soumise la même année au Conseil général du Haut-Rhin, et transmise au ministère des Travaux publics.

Le classement n'ayant pu être obtenu à cette époque,

en raison de la décision alors prise par le Gouvernement d'ajourner, pour plusieurs années, toute construction de ligne nouvelle aux frais de l'Etat, le Comité dut prendre une attitude expectante, recueillir tous les éléments né-cessaires pour compléter l'étude première et noter tous les symptômes qui se produiraient de l'autre côté du Rhin dans un sens favorable à la question pendante. Le Comité n'a point perdu son temps : il s'est mis en devoir de réu-nir en faisceau tous les renseignements statistiques qui, au point de vue des intérêts généraux, donnent une si grande portée au projet qu'il patronne. Il a pensé qu'il importait de se préoccuper dès-à-présent de l'exécution prochaine de la section de Colmar au Rhin, en sollicitant le concours de l'Etat et des communes, tout en exprimant le vœu que le Gouvernement veuille bien s'entendre avec le Gouver-nement grand-ducal pour la simultanéité d'exécution des deux sections de la ligne de Colmar à Fribourg et l'établis-sement, à la hauteur de Vieux-Brisach, d'un pont de ba-teaux-chemin de fer, à l'instar de celui qui fonctionne à Maxau, entre le Grand-Duché et la Bavière rhénane.

Nous avons devant nous l'exemple décisif de la ville de Munster, l'heureuse combinaison qu'elle a employée pour se rendre concessionnaire de la ligne de Munster à Colmar, par application de la loi du 12 juillet 1865, sur les che-mins de fer d'intérêt local, c'est-à-dire par le concours si-multané de l'Etat et de la commune soutenue par la ga-rantie d'un groupe d'industriels intéressés.

La ville de Colmar, située au cœur de l'Alsace, en face de Fribourg, sur le bassin du canal d'embranchement com-muniquant avec les houillères, est le point de convergence naturel des différents centres d'industrie qui se groupent dans son arrondissement. Ces localités, qui ont le plus grand intérêt à se relier au bassin par une voie ferrée sont Sainte-Marie-aux-Mines, Ribeauvillé, Lapoutroie, Kaysersberg, le Logelbach, Turckheim, Munster, Soultzmatt et Guebwiller. Elles comprennent 600,000 broches de filatures, 29,000 métiers à tisser, des ateliers de construction et autres établissements représentant ensemble un mouvement de 220,000 tonnes et occupant 42,000 ouvriers. Colmar est, en outre, le centre du vignoble le plus riche de l'Alsace, d'une prodution agricole des plus importantes. Les relations commerciales que son arrondissement entretient avec le Grand-Duché sont susceptibles de très-grands développements et n'attendent qu'une voie ferrée pour les réaliser. Dans des conditions pareilles, serait-il raisonnable de maintenir cet arrondissement, au point de vue des avantages généraux de communication, dans une position d'infériorité relative dont il souffre depuis trop longtemps au grand préjudice du développement normal de toutes les forces vives qu'il renferme? Colmar comprend le devoir que lui impose cette situation. Il n'a jamais réculé devant aucun sacrifice quand les grands intérêts publics qu'il représente étaient en jeu.

Ce devoir, notre cité saura le remplir encore aujourd'hui, alors surtout qu'il s'agit, pour sa circonscription, d'une de ces questions vitales qui engagent tout un avenir et dont la solution, dans un sens opposé aux intérêts de ce grand rayon producteur, deviendrait pour lui la cause d'un mal irrémédiable. Il faut donc que la ville se décide à demander immédiatement la concession de la ligne de Colmar au Rhin. C'est là le sentiment exprimé unanimement par la commission municipale qui vient d'examiner, sous toutes ses faces, cette question complexe. Elle s'est rendu un compte exact des conditions économiques dans les-

quelles se présente l'entreprise, conditions qui diffèrent
de la solution adoptée par la ville de Munster, en ce sens
qu'il serait difficile de réaliser à Colmar le système de ga-
rantie offerte par les industriels de la vallée, mais qui n'ex-
cluent pas l'idée d'une souscription effective des particuliers et industriels intéressés à l'exécution prochaine d'un
projet qui a conquis toutes les sympathies de la population.

Il faut dès-lors, tout en comptant sur ce concours comme
appoint, se placer sur le terrain d'une large initiative de
la ville de Colmar elle-même et régler la combinaison d'a-
près les termes de la loi du 12 juillet 1865, en utilisant les
ressources que peut présenter sa situation financière.

En principe, les chemins de fer d'intérêt local peuvent
être établis par les départements ou les communes,
avec ou sans le concours des propriétaires intéressés. Des
subventions pour l'exécution de ces chemins peuvent être
accordées sur les fonds du Trésor et le montant de ces
subventions peut s'élever jusqu'au tiers de la dépense que
le traité d'exploitation à intervenir laissera à la charge du
département, des communes et des intéressés. Cette subvention du tiers s'applique aux départements dans lesquels le produit du centime additionnel au principal des
contributions directes est supérieur à vingt mille francs.

Le Conseil général du Haut-Rhin, dans sa session de
1862, a voté un concours de 10,000 fr. par kilomètre,
soit, pour dix-huit à vingt kilomètres, une somme de
200,000 fr. Le surplus de la dépense devient donc une
charge communale. Il me reste à démontrer dans quelles
conditions la ville de Colmar pourra satisfaire à cette
charge.

Le projet dressé en 1862 évalue la dépense de la sec-

tion de Colmar-Rhin à 4,500,000 fr. dans l'hypothèse de
la construction d'une ligne à deux voies, ci fr. 4,500,000
mais il convient de faire provisoirement abstraction de la dépense d'une seconde voie,
sauf à porter en prévision la dépense d'acquisition des terrains pour deux voies, ce qui
permet de déduire de la prévision ci-dessus,
une somme de 621,000

Reste donc à pourvoir à une dépense de fr. 3,879,000

Le produit du centime additionnel au principal des contributions directes, dans le Haut-Rhin, étant de 33000 fr.,
il est permis d'espérer que l'Etat fournira une subvention
du tiers, soit la somme de ci . . . . fr. 1,293,000

D'un autre côté, le concours du département étant assuré pour environ 200,000

Ensemble . . . . . fr. 1,493,000

La charge communale se réduirait à . . 2,386,800

Somme égale . . fr. 3,879,000

La ville de Colmar se rendant concessionnaire de la
ligne, traiterait avec la compagnie des chemins de fer de
l'Est, pour l'exploitation, dans des conditions identiques à
celles qui ont servi de base au traité de la ville de Munster,
c'est-à-dire, à raison de 6,000 fr. par kilomètre et par
an, ce qui, pour 19 kilomètres, donnerait une dépense
annuelle de 114,000 fr. La ville de Munster évalue le produit brut du trafic, par kilomètre et par an à 12,000 fr.,
et elle applique le différence ou le bénéfice au service d'a-
mortissement de l'emprunt de 2,000,000 fr. qu'elle a
contracté pour une période de 45 ans, sous la condition
qu'en cas de moins-value la différence sera couverte par
la garantie des manufacturiers engagés.

Une prudente réserve nous commande de borner à . . . . 8,000 fr.
par kilomètre l'évaluation du produit brut de la ligne de
Colmar au Rhin, soit une somme annuelle de 152,000 fr.
dont à déduire les frais d'exploitation montant à 114,000 »

Différence à appliquer à l'amortissement . 38,000 fr.

A ce premier fonds d'amortissement, la ville
de Colmar est en mesure d'ajouter chaque année, ainsi que je le prouverai, un prélèvement
sur les ressources propres de son budget évalué à . . . . 40,000 »
plus le produit de taxes d'octroi votées en ad-
dition au tarif ordinaire, taxes en ce moment
soumises à l'approbation du Gouvernement et
réalisables le 1er janvier 1869 . . . . 50,000 »

128,000 fr.

Elle peut également compter parmi les
moyens d'amortissement une partie des ressources forestières que l'aménagement mettra à sa
disposition à partir de 1873, soit encore une
moyenne de 12,000 fr. par an, ci . . . . . . 12,000 »

Ensemble . . . 140,000 fr.

Il est vrai de dire que ce prélèvement considérable opéré
sur nos ressources, au profit de la construction d'un chemin de fer, aura pour effet d'ajourner d'autres travaux
d'utilité communale, ce qui fait ressortir l'importance du
sacrifice que la ville s'impose en faveur d'une œuvre d'u-
tilité générale pour laquelle le concours de l'Etat lui devient indispensable.

Sans se faire aucune illusion on peut admettre que pendant cette longue période de quarante deux ans nécessaire

pour assurer le remboursement de l'emprunt que la ville aura à contracter, le produit du trafic de la ligne grandira en raison directe du surcroît de mouvement que lui apportera la construction successive des diverses sections qui doivent, dans un avenir plus ou moins prochain, concourir à former la grande ligne de Chaumont à Donaueschingen ; que, d'un autre côté, le développement des ressources municipales de Colmar continuera aussi de suivre la progression naturelle qui s'est manifestée dans ces derniers temps.

Il ne faut point oublier non plus que la ville de Colmar trouvera dans la concession du chemin de fer, pour 99 ans, le moyen de récupérer plus tard ses sacrifices actuels.

Elle ne saurait donc, à aucun titre, reculer devant ces sacrifices, quelque considérables qu'ils soient au regard des autres charges qui grèvent le budget, et je viens en toute confiance, vous proposer de prendre les résolutions suivantes :

La ville de Colmar demande la concession du chemin de fer projeté de Colmar au Rhin pour 99 ans à l'expiration desquels cette concession ferait retour au département. Elle offre de concourir à l'exécution de cette ligne pour une somme de 2,386,000 fr. et de pourvoir aux frais d'exploitation ;

A cet effet elle a l'honneur de solliciter le concours de l'État, dans la mesure indiquée par la loi du 12 juillet 1865, c'est-à-dire pour le tiers de la dépense totale qui est évaluée à 3,879,000 fr., d'après le projet dressé par MM. Müntz, ingénieur en chef et Gauckler, ingénieur ; elle demande également à être admise à participer, dans la proportion de 10,000 fr. par kilomètre, aux 3 centimes spéciaux votés par le conseil général du département et dont une grande partie est affectée en ce moment à la construction de la ligne de Munster à Colmar et de celle de Bollwiller à Belfort ;

Le Conseil municipal vote l'émission d'un emprunt de 2,386,000 fr. remboursable en quarante deux ans sur les revenus tant ordinaires qu'extraordinaires de la ville de Colmar, et réalisable à un taux d'intérêt qui n'excédera pas 5 %, pour ladite somme être affectée à la construction de la ligne projetée dont il y a lieu de déclarer l'utilité publique ;

M. le Maire est autorisé à s'entendre avec MM. les Administrateurs de la compagnie de l'Est pour obtenir que cette compagnie se charge de l'exploitation et de l'entretien courant de la ligne aux conditions qu'elle a consenties pour l'exploitation du chemin de Munster à Colmar, suivant le cahier des charges appliqué à cette ligne ;

Le Conseil estime qu'il y a lieu de confier la direction des travaux à M. l'Ingénieur en chef du département, s'il veut bien s'en charger ;

La discussion s'étant ouverte sur l'objet des propositions de M. le Maire, le Conseil municipal est unanime à reconnaître que le moment est venu d'assurer l'exécution du chemin de fer de Colmar au Rhin et que la ville de Colmar ne doit point hésiter un instant à s'imposer, en vue de cette œuvre de haute utilité publique, tous les sacrifices compatibles avec l'état de ses ressources ;

Que les considérations émises dans l'exposé de M. le Maire font ressortir les avantages réciproques de cette jonction en vue du développement du commerce d'échange entre les deux pays, commerce qui, en ce moment déjà, est représenté par un mouvement de 40,000 tonnes s'effectuant sur essieux ; que ces avantages ne seront pas moins sensibles pour les nombreux groupes industriels dont Colmar est le centre et qui seront mis, par la nouvelle ligne, en contact direct avec le bassin du canal pour y puiser leur combustible ;

Adopte les propositions de M. le Maire et vote à l'unanimité ses conclusions, en priant ce magistrat de faire auprès de M. le Préfet et du Conseil général les démarches nécessaires pour les faire agréer.

Pour extrait conforme,
Le Maire de Colmar,
H. DE PEYERIMHOFF.

Séance du 13 mai 1868.

Présents : MM. de PEYERIMHOFF, Maire-Président ; DOYEN, 1er Adjoint ; RENCKER, LEVY, ERNST, A. KIENER, DOLL, MULLER, OSTERMEYER, JEANNIN, FLEISCHHAUER, WIDERKEHR, BIRCKEL, HOFFMANN et N. RICHERT.

Par délibération du Conseil municipal du 6 août 1867, la Ville de Colmar a demandé la concession d'un chemin de fer de Colmar au Rhin, par Neuf-Brisach, à titre de chemin d'intérêt local, conformément à la loi du 12 juillet 1865. L'avant-projet dressé en 1862, par MM. Müntz, ingénieur en chef du département, et Gauckler, ingénieur, avait servi de base à ce vote qui se résumait dans les conclusions suivantes :

1° Demande de concession du chemin de fer pour 99

ans à l'expiration desquels la concession ferait retour au département.

2° Offre de la Ville de Colmar de concourir à l'exécution pour une somme de 2,387,000 fr. et de pourvoir aux frais d'exploitation.

3° Demande du concours de l'Etat dans la mesure indiquée par la loi du 12 juillet 1865 ; c'est-à-dire pour le tiers de la dépense totale qui était évaluée à 3,879,000 fr.

4° Demande de la Ville en participation aux trois centimes spéciaux votés par le Conseil général du Département, dans la proportion de 10,000 fr. par kilomètre.

5° Emission d'un emprunt de 2,386,000 fr. remboursable en 42 ans sur les revenus tant ordinaires qu'extraordinaires de la Ville et affectable à la construction de la ligne projetée.

6° Autorisation donnée au Maire de traiter avec la Compagnie de l'Est, pour l'exploitation de la ligne de Colmar au Rhin, aux conditions qu'elle a consenties pour l'exploitation de celle de Colmar à Munster.

Depuis lors l'instruction de cette demande s'est poursuivie sans désemparer. M. le Maire a traité avec la Compagnie des chemins de fer de l'Est pour l'exploitation ; le Conseil général du Haut-Rhin, dans sa session du mois d'août dernier, a émis un avis favorable au projet en arrêtant la direction de la ligne et en maintenant la subvention de 10,000 fr. par kilomètre précédemment accordée. L'enquête à laquelle le projet a été soumis en a fait apprécier la haute utilité au double point de vue des intérêts du commerce local et du développement des relations d'échange avec le grand-duché de Bade. Il a suffi de l'impulsion donnée par la demande en concession formée par la Ville de Colmar pour provoquer de la part des Villes de Fribourg et de Vieux-Brisach des démarches actives qui ont abouti à une loi de concession ayant pour objet d'assurer l'exécution simultanée d'une ligne d'intérêt local entre ces deux villes et sa jonction sur le Rhin avec la ligne de Colmar.

Les conférences mixtes entre le Génie militaire sont terminées et ont amené une entente à la suite de laquelle la longueur de la ligne a été portée de 18 kilomètres 824 mètres à 19 kilomètres 990 mètres; soit en nombre rond 20 kilomètres.

Aujourd'hui la demande de concession de la ligne de Colmar-Rhin est soumise à l'examen du Conseil général des Ponts et Chaussées : il est permis d'espérer qu'il sortira de cet examen une solution favorable aux vœux des populations intéressées; mais il ne faut point perdre de vue qu'il s'agit avant tout d'une ligne d'intérêt local; que le projet doit donc se plier aux exigences spéciales d'une ligne de cette nature. A ce point de vue, M. l'Ingénieur en chef du département a fait observer avec raison que le projet dressé en 1862 sort des conditions ordinaires d'une entreprise de cette nature, en ce sens qu'il comporte l'établissement de deux voies, ce qui influe sensiblement sur le chiffre de la dépense générale.

Dans ces conditions le projet primitif évaluait la dépense à . . . . 4,500,000 fr.

En demandant la concession de la ligne, par sa délibération du 6 août dernier, le Conseil municipal a fait provisoirement abstraction de la dépense de construction d'une seconde voie, en maintenant, toutefois, l'acquisition des terrains pour deux voies, ce

A reporter . . . . . . 4,500,000 fr.

Report . . . . . 4,500,000 fr.

qui permettait de défalquer de la dépense
générale une somme de . . . . 621,000 »

Restait donc la somme de . . . . 3,879,000 fr.
qui a été prise pour point de départ de la demande de concession.

La délibération conservait l'acquisition des terrains, la construction des ouvrages d'art, les remblais et déblais pour deux voies.

Pour ramener le projet à une expression plus simple, c'est-à-dire à la dépense exclusivement afférente à une seule voie, M. l'Ingénieur en chef a établi un aperçu sommaire d'après lequel la dépense générale est évaluée approximativement au chiffre de . . . . 3,296,000 fr.
à laquelle il ajoute pour intérêts pendant les travaux . . . . 164,000 »

Ce qui porte le total, à . . . . . . 3,460,000 fr.
Le chiffre qui a servi de base à la demande de concession étant de . . . . 3,879,000 »

Il y a une différence en moins de . . . 419,000 fr.

M. le Maire, en soumettant cet exposé au Conseil municipal, le prie de délibérer sur la question de savoir s'il entend modifier son premier vote en renonçant à l'acquisition des terrains et à l'exécution des ouvrages d'art afférents à la construction éventuelle d'une seconde voie.

Le Conseil municipal,

Considérant qu'il résulte des documents produits que le Conseil général des ponts et chaussées n'a point admis jusqu'ici de chemin de fer d'intérêt local à deux voies ; que la ligne projetée de Colmar au Rhin, bien qu'elle soit destinée à se souder à une ligne transrhénane, n'en a pas moins, dans l'état actuel des choses, le caractère d'un chemin d'intérêt local, dans le sens de la loi du 12 juillet 1865, sur laquelle s'appuie la demande de concession; qu'elle se trouve, sous ce rapport, dans les mêmes conditions que la ligne de Colmar à Munster, qui ne comporte qu'une voie unique;

Considérant que la suppression de la seconde voie, dont le maintien n'est pas absolument indispensable, permettrait d'une part, de réaliser une économie sensible, et, de l'autre, de dégager l'instruction du projet de certaines complications qui pourraient en retarder ou en compromettre le succès;

Adoptant les propositions de M. l'Ingénieur en chef;

Délibère à l'unanimité ce qui suit:

La délibération du 6 août 1867 est modifiée en ce sens que le chemin d'intérêt local de Colmar au Rhin ne comportera qu'une seule voie et que le chiffre sur lequel se fonde la demande de concession devra, dès-lors, être réduit à 3,460,000 fr.

En conséquence, la Ville de Colmar a l'honneur de demander à l'Etat une subvention équivalente au tiers de cette somme, soit 1,153,000 fr.

La subvention du département, à raison de 10,000 fr. par kilomètre, sera pour 20 kilomètres, de 200,000 fr. et la somme à emprunter par la Ville de Colmar se trouvera réduite à 2,107,000.

Dans ces conditions, l'amortissement sera plus facile et le Conseil, en maintenant sa durée à quarante-deux ans, délibère qu'il y a lieu de réduire proportionnellement le fonds d'amortissement annuel, de manière à rendre moins onéreux le prélèvement sur les revenus ordinaires de la Ville.

(Suivent les signatures des membres présents.)

Pour expédition conforme,

Le Maire de Colmar,

H. DE PEYERIMHOFF.

⸺◦⸺

Séance du 5 Septembre 1868.

Présents : MM. de PEYERIMHOFF, Maire, Président; STOECKLIN, adjoint; RENCKER, LEVY, MATH. RICHERT, ERNST, KIENER, DOLL, MULLER, OSTERMEYER, JEANNIN, WIDERKEHR et HOFFMANN.

M. le Maire communique au Conseil municipal une lettre de M. le Préfet du 25 août dernier, transmissive d'une dépêche de M. le Ministre de l'Intérieur du 21 du même mois, concernant le projet de chemin de fer d'intérêt local de Colmar au Rhin dont la concession a été demandée par la Ville de Colmar.

Il résulte de cette dépêche que les études de la voie projetée sont aujourd'hui complètes et que M. le Ministre des Travaux publics est disposé à provoquer un décret déclaratif d'utilité publique. S. Exc. fait observer, toutefois, que par suite du traité passé avec la Compagnie de l'Est, pour l'exploitation de la ligne, il convient de retrancher de la dépense, évaluée à 3,460,000 fr. une somme de 600,000 fr. qui a été prévue pour l'acquisition du matériel roulant;

que la dépense à couvrir se trouve donc réduite à 2,860,000 fr.
qui se répartissent ainsi :

Concours du département . . . . . fr.   200,000
Subvention de l'Etat . . . .   ɪ   960,000
Part afférente à la Ville . . . . . .   » 1,700,000

Total égal . . . fr. 2,860,000

Cette diminutioh de la dépense aura pour effet de réduire à 1,700,000 fr. le chiffre de l'emprunt à contracter
par la Ville, emprunt qui, d'après les données du projet
devait s'élever à 2,107,000 fr. M. le Ministre ajoute que
dans ces conditions et moyennant une annuité de 110,000 fr.
environ, la durée de l'amortissement pourra être réduite
à 25 ou 30 ans. S. Exc. invite, en conséquence, M. le Préfet à faire compléter, d'après ces observations, l'instruction
de l'affaire, et de lui en transmettre les pièces avec les
justifications prescrites. Le projet de loi tendant à autori-
ser l'emprunt, sera ensuite soumis au Corps législatif à
l'ouverture de la session.

Le Conseil municipal, après avoir entendu l'exposé de
M. le Maire sur la situation du projet de percement des
Vosges sur lequel le Conseil général a été appelé à se pro-
noncer pendant la dernière session ;

Considérant qu'il résulte d'une communication officielle
adressée à M. le Maire par le Conseil municipal de Fribourg
(Bade) le 21 août dernier, que les travaux de construction
du chemin de fer de Fribourg au Rhin par Vieux-Brisach
vont être commencés très-prochainement et que la Ville
de Fribourg a été autorisée à émettre l'emprunt nécessaire ;
que, d'un autre côté, la ligne d'intérêt local de Colmar à
Munster est sur le point d'être terminée ; que, dans ces
circonstances, l'exécution de la ligne de Colmar au Rhin,

appelée à établir un point de jonction sur ce fleuve et à faciliter ainsi les relations commerciales avec la rive droite, devient de plus en plus désirable ;

Considérant que dans les conditions nouvelles où se présente le projet, par suite de la réduction de la dépense, il y a lieu de modifier les bases de l'emprunt que la Ville aura à contracter pour assurer le paiement de sa part contributive de 1,700,000 fr.

Persistant en conséquence dans sa demande de concession de la ligne de Colmar au Rhin, le Conseil municipal sollicite l'autorisation d'émettre à cet effet, avec publicité et concurrence, un emprunt de un million, sept cent-mille francs, remboursable en trente annuités au moyen des ressources indiquées dans la délibération du 6 août 1867, sauf à réduire proportionnellement la part à prélever sur les revenus ordinaires du budget, de manière à ramener le chiffre de l'annuité à 112,000 fr. suivant les indications du tableau ci-après :

NUMÉROS D'ORDRE.	ANNUITÉS.	CAPITAL à AMORTIR.	INTÉRÊTS à 5 p. %.	FONDS D'AMORTISSEMENT.	TOTAL.
1	1871	1700000 »	85000 »	27000 »	112000 »
2	1872	1673000 »	83650 »	28350 »	112000 »
3	1873	1644650 »	82232 »	29768 »	112000 »
4	1874	1611882 »	80744 »	31256 »	112000 »
5	1875	1583626 »	79181 »	32819 »	112000 »
6	1876	1550807 »	77540 »	34460 »	112000 »
7	1877	1516347 »	75817 »	36183 »	112000 »
8	1878	1480164 »	74008 »	37992 »	112000 »
9	1879	1442172 »	72108 »	39892 »	112000 »
10	1880	1402280 »	70114 »	41886 »	112000 »
11	1881	1360394 »	68019 »	43981 »	112000 »
	A reporter....	848413 »	383587 »	1232000 »

NUMÉROS D'ORDRE.	ANNUITÉS.	CAPITAL à AMORTIR.	INTÉRÊTS à 5 p. %.	FONDS D'AMORTISSEMENT.	TOTAL.
		Report . . .	848413 »	383587 »	1232000 »
12	1882	1316413 »	65820 »	46180 »	112000 »
13	1883	1270233 »	63511 »	48489 »	112000 »
14	1884	1221744 »	61087 »	50913 »	112000 »
15	1885	1170331 »	58541 »	53459 »	112000 »
16	1886	1117372 »	55868 »	56132 »	112000 »
17	1887	1061240 »	53062 »	58938 »	112000 »
18	1888	1002302 »	50115 »	61885 »	112000 »
19	1889	940417 »	47020 »	64980 »	112000 »
20	1890	875437 »	43771 »	68229 »	112000 »
21	1891	807208 »	40360 »	71640 »	112000 »
22	1892	735568 »	36778 »	75222 »	112000 »
23	1893	660346 »	33017 »	78983 »	112000 »
24	1894	581393 »	29068 »	82932 »	112000 »
25	1895	498431 »	24921 »	87079 »	112000 »
26	1896	411352 »	20567 »	91433 »	112000 »
27	1897	319919 »	15995 »	96005 »	112000 »
28	1898	223914 »	11195 »	100805 »	112000 »
29	1899	123109 »	6155 »	105845 »	112000 »
30	1900	17264 »	863 »	17264 »	18127 »
			1566127 »	1700000 »	3266127 »

OBSERVATIONS

L'amortissement commencera le 31 décembre 1871. — Il se fonde sur les ressources suivantes :

1° Prélèvement annuel sur le produit net de l'exploitation du chemin de fer, ci . . . . 38,000ᶠ »ᶜ

2° Prélèvement annuel sur les revenus ordinaires du budget, augmentés du produit de la révision du tarif de l'octroi, à mettre en recouvrement à partir du 1ᵉʳ janvier 1869 . . . . 62,000 »

3° Prélèvement annuel sur coupes extraordinaires à exploiter au quart de réserve à partir de 1873 . . . . 12,000 »

TOTAL. . . . . 112,000ᶠ »ᶜ

Pendant les quatre premières années, c'est-à-dire avant l'époque où les coupes extraordinaires deviendront exploitables, la différence sera prélevée sur les revenus ordinaires de la ville qui laisseront disponible annuellement une somme de 7000 fr. en moyenne, y compris les taxes d'octroi.

Pour expédition conforme,
Le Maire de Colmar,
H. DE PEYERIMHOFF.

CONSEIL GÉNÉRAL DU HAUT-RHIN

Séance du 51 Août 1867

La parole est donnée à M. Hartmann pour la lecture de son rapport relatif à la construction d'un chemin de fer d'intérêt local de Colmar au Rhin dont la ville de Colmar demande la concession.

« MESSIEURS,

« Votre commission composée de MM. Zœpffel, de Bergheim, de Peyerimhoff, Giraudet et Hartmann, nommée à l'effet d'examiner le projet de chemin de fer de Colmar au Rhin dont la ville de Colmar demande la concession, ayant nommé M. Hartmann rapporteur, a l'honneur de proposer au Conseil général la délibération suivante :

« Vu le rapport de M. le Préfet, en date du 26 août 1867, relatif à l'établissement de la section de chemin de fer entre Colmar et le Rhin dont la ville de Colmar demande la concession à titre de chemin d'intérêt local ;

« Vu l'avant-projet de ce chemin de fer dressé par MM. les Ingénieurs Müntz et Gauckler, à la date du 15 avril 1862 ;

« Vu la délibération du Conseil municipal de la ville de Colmar, en date du 6 août 1867, par laquelle cette ville demande la concession de la section de Colmar-Rhin, d'une longueur de 19 kilomètres, pour une période de 99 ans, à l'expiration de laquelle ladite ligne fera retour au département ;

« Vu les pièces établissant que l'enquête sur l'utilité publique du chemin de fer en question a eu lieu dès le mois de septembre 1862, et que la presque universalité des communes, au nombre de 68, en reconnaissent l'utilité ;

« Vu la loi du 12 juillet 1865 sur les chemins de fer d'intérêt local et notamment l'article 2 de cette loi, au terme duquel le Conseil général arrête la direction des chemins de fer d'intérêt local, le mode et les conditions de leur construction, ainsi que les traités et les dispositions nécessaires pour en assurer l'exploitation ;

« Vu le projet de cahier des charges, entièrement conforme à celui qui a été approuvé pour la ligne de Munster ;

« Vu la lettre de M. le Directeur de la Compagnie des chemins de fer de l'Est, en date du 9 août, portant qu'il ne doute pas que la Compagnie exploitera la section Colmar-Rhin aux conditions du traité relatif au chemin de Munster ;

« Considérant que le tracé étudié par MM. Müntz et Gauckler, semble bien conçu ; qu'en effet, il relie à la grande ligne de l'Est le nouveau bassin du canal des houillères, et qu'il mettra ainsi en communication avec ce bassin toutes les vallées industrielles depuis Sainte-Marie jusqu'à Guebwiller et y compris ces deux localités ; que de Horbourg il atteint Neuf-Brisach, qu'il reliera ainsi directement aux autres places fortes de l'Empire ; que de Neuf-Brisach il aboutit au Rhin, au Nord de Vieux-Brisach, en un point où il sera facile de franchir le fleuve au moyen d'un pont en bateaux, à l'instar de celui qui fonctionne à Maxau entre le Grand-Duché et la Bavière rhénane ;

« Considérant qu'il paraît ressortir des lettres des bourg-mestres de Fribourg et de Brisach et des déclarations des municipalités de ces villes, qu'elles sont disposées à établir la section Fribourg-Rhin, au moyen d'une ressource de 600,000 florins dont elles disposent et d'un emprunt d'égale importance, qu'ainsi la jonction des lignes Française et Badoise serait établie ; mais que sans avoir à se préoccuper des dispositions qui seront prises de l'autre côté du Rhin, la section Colmar-Rhin présente par elle-même une importance suffisante, pour que le projet de la ville de Colmar mérite d'être vivement encouragé ;

« Considérant, au surplus, que par délibération du 29 août 1865, le Conseil général prenant en considération les délibérations de 68 communes consultées sur l'utilité de la section de Colmar-Rhin, avait dès cette époque, voté en faveur de cette section la subvention de 10,000 fr. par kilomètre ;

« Considérant que la combinaison financière proposée par la ville assure les moyens d'exécution de l'entreprise ;

« Par ces motifs :

« Le Conseil, après avoir délibéré, arrête le tracé tel qu'il a été proposé par les auteurs du projet, approuve le mode d'exécution, le projet de traité d'exploitation et de cahier des charges, vote la subvention départementale à raison de 10,000 fr. par kilomètre à prélever sur les trois centimes départementaux affectés à ces constructions. »

Ce projet de délibération, proposé par la Commission, est mis aux voix et adopté par le Conseil, après échange de quelques observations.

DÉCRET IMPÉRIAL

qui déclare d'utilité publique l'établissement du Chemin de fer d'intérêt local de Colmar au Rhin.

DU 24 AVRIL 1869.

NAPOLÉON, par la grâce de Dieu et la volonté nationale, EMPEREUR DES FRANÇAIS, à tous présents et à venir, SALUT.

Sur le rapport de notre ministre secrétaire d'Etat au département de l'agriculture, du commerce et des travaux publics;

Vu l'avant-projet présenté pour l'établissement d'un chemin de fer d'intérêt local de Colmar au Rhin;

Vu les pièces de l'enquête ouverte sur cet avant-projet conformément à l'article 3 de la loi du 3 mai 1841, et notamment le procès-verbal de la commission d'enquête, en date du 13 février 1868;

Vu la délibération, en date du 31 août 1867, par laquelle le conseil général du département du Haut-Rhin a approuvé l'établissement dudit chemin de fer et voté une subvention de dix mille francs (10,000f) par kilomètre, à l'effet de concourir à son exécution;

Vu les délibérations, en date des 6 août 1867 et 13 mai 1868, par lesquelles le conseil municipal de Colmar demande, au nom de cette ville, la concession dudit chemin de fer;

Vu le cahier des charges proposé pour cette concession;

Vu le traité passé, le 9 octobre 1867, entre la ville de Colmar et la compagnie de l'Est, pour l'exploitation dudit chemin de fer;

Vu l'avis du conseil général des ponts et chaussées, du 11 juin 1868;

Vu la lettre, en date du 29 juillet 1868, par laquelle notre ministre secrétaire d'État au département de la guerre donne, sous certaines conditions, son adhésion à l'exécution du chemin de fer dont il s'agit;

Vu la lettre de notre ministre secrétaire d'État au département de l'intérieur, du 19 Novembre 1869;

Vu la loi du 3 mai 1841, sur l'expropriation pour cause d'utilité publique;

Vu la loi du 12 juillet 1865, sur les chemins de fer d'intérêt local;

Vu le sénatus-consulte du 25 décembre 1852 (article 4)

Notre Conseil d'État entendu,

AVONS DÉCRÉTÉ et DÉCRÉTONS ce qui suit:

ART. 1er. Est déclaré d'utilité publique l'établissement d'un chemin de fer d'intérêt local de Colmar au Rhin.

2. La ville de Colmar est autorisée à pourvoir à l'exécution de ce chemin, comme chemin de fer d'intérêt local, suivant les dispositions

de la loi du 12 juillet 1865 , conformément aux conditions du cahier des charges susénoncé , et à accepter les offres de concours faites par le conseil général du Haut-Rhin , dans sa délibération susvisée du 31 août 1867.

3. Est approuvé le traité passé entre la ville de Colmar et la compagnie de l'Est, pour l'exploitation dudit chemin de fer.

Une copie certifiée de ce traité , ainsi qu'une copie du cahier des charges susvisé , resteront annexées au présent décret.

4. Il est alloué à la ville de Colmar , sur les fonds du trésor, par application de l'article 5 de la loi précitée , une subvention de neuf cent soixante mille francs (960,000^f).

Cette subvention sera versée en quatre termes semestriels égaux , dont le premier sera payé le 15 janvier 1870.

La ville de Colmar devra justifier , avant le paiement de chaque terme, d'une dépense en travaux, approvisionnements et acquisitions de terrains triple de la somme à recevoir.

Le dernier terme ne sera payé qu'après l'achèvement complet des travaux.

5. Lorsque l'emprunt qui sera contracté par la ville de Colmar pour l'exécution du chemin aura été complétement amorti, les produits nets résultant de l'exploitation de la ligne serviront au remboursement de la subvention fournie par l'État , le gouvernement renonçant d'ailleurs au remboursement de la partie de la subvention qui n'aurait pas été restituée à l'époque de l'expiration de la concession.

6. Nos ministres secrétaires d'État aux départements de l'intérieur et de l'agriculture , du commerce et des travaux publics sont chargés , chacun en ce qui le concerne, de l'exécution du présent décret, qui sera inséré au bulletin des lois.

Fait au palais des Tuileries , le 24 Avril 1869.

Signé NAPOLÉON.

Par l'Empereur :

*Le Ministre secrétaire d'État au département de l'agriculture ,
du commerce et des travaux publics .*

Signé E. GRESSIER.

CONVENTION.

Entre :

La compagnie des chemins de fer de l'Est, représentée par M. *Alphonse-Frédéric-Louis Baude* , administrateur, et M. *Sauvage*, directeur , agissant en vertu des pouvoirs qui leur ont été conférés par délibération du conseil de ladite compagnie, en date du 12 septembre 1867 ,

Et la ville de Colmar , représentée par son maire , M. *Hercule de Peyerimhoff* , membre du conseil général du département du Haut-Rhin, dûment autorisé à cet effet par délibération du conseil munipal de cette ville ,

A été convenu ce qui suit :

Art. 1er. Le chemin de fer projeté se detachera de la ligne de l'Est au nord de la gare de Colmar ; il reliera Colmar et la ligne de l'Est au bassin du canal, se dirigera de Horbourg sur Neuf-Brisach et ira aboutir au Rhin, en face de Vieux-Brisach, conformément au tracé arrêté par le conseil général du Haut-Rhin.

Ce tracé ne présentera pas de pente supérieure à quinze millimètres par mètre, ni de courbe dont le rayon soit inférieur à quatre cents mètres.

2. La ville concessionaire raccordera la ligne du Rhin avec celle de Strasbourg à Colmar au nord de la station de cette dernière ville, en se conformant aux dispositions qui seront prescrites par M. le ministre des travaux publics.

Elle fera exécuter à ses frais les modifications qui seront reconnues nécessaires dans la gare de Colmar pour y installer le service de la ligne de Colmar au Rhin.

3. La compagnie de l'Est organisera un service d'exploitation dans les conditions qui seront ultérieurement arrêtées entre elle et la ville concessionnaire, selon les exigences du trafic.

Elle sera également chargée de toutes les dépenses d'entretien courant, des grosses réparations, des terrassements, ouvrages d'art et bâtiments, et de celles de la réfection des voies.

4. La compagnie voulant rester étrangère aux chances de l'entreprise, ne prétendre à aucun bénéfice ni encourir aucune perte, mais tenant à s'assurer le remboursement intégral de ses dépenses, il sera, à cet effet, ouvert sur ses livres à la ligne de Colmar au Rhin un compte d'exploitation, d'entretien et de fourniture du matériel roulant, au débit duquel seront exactement portées les dépenses de toute nature spécialement afférentes à cette ligne.

Ces dépenses n'ayant pas pu être déterminées au préalable et résumées sous forme d'un tarif d'exploitation, il reste entendu que la compagnie les estimera de manière à rentrer uniquement dans ses déboursés, en s'interdisant tout bénéfice. On entend ici par déboursés non-seulement les sommes réellement payées pour la ligne, mais encore la location du matériel roulant, c'est-à-dire l'intérêt et l'amortissement du capital du matériel nécessaire à l'exploitation.

5. Le montant de ces dépenses sera prélevé par la compagnie sur les recettes centralisées à cet effet dans sa caisse, recettes de l'intérêt desquelles elle aura à tenir compte à la ville concessionnaire, au taux moyen annuel du placement de ses fonds disponibles.

En cas d'insuffisance des recettes pour couvrir le montant du compte des frais d'exploitation, d'entretien et d'apport du matériel, la compagnie aura à exercer son recours contre la ville concessionnaire.

6. La compagnie portera au crédit du compte d'exploitation et d'entretien du chemin de fer de Colmar au Rhin la totalité des recettes effectuées sur toute la longueur du parcours, du point de raccordement avec la ligne de l'Est jusqu'au Rhin, sans y comprendre, dans aucun cas, celles relatives à la manutention des marchandises dans la gare de

Colmar, ni les autres recettes accessoires de cette gare, qui appartiendront en propre à la compagnie:

7. La ville de Colmar déclare à l'égard de la constatation du chiffre des recettes effectuées, s'en rapporter entièrement aux écritures tenues par la compagnie de l'Est conformément aux prescriptions de l'administration supérieure, écritures dont la ville pourra faire prendre connaissance par ses représentants.

8. La compagnie de l'Est fera tous les six mois le règlement provisoire des recettes et des dépenses et mettra le solde de ce règlement à la disposition de la ville de Colmar, qui pourra, soit retirer les fonds disponibles, soit les laisser dans la caisse de la compagnie, au taux mentionné dans l'article 5.

Mais c'est seulement après l'apurement des comptes de chaque exercice que la compagnie arrêtera le solde définitif, soit de la recette nette qu'elle aura à verser à la ville de Colmar, soit du déficit qu'elle aura à lui réclamer.

9. Les dépenses d'entretien courant devront se borner au strict nécessaire. Celles que pourront exiger les modifications ou agrandissements que le développement du trafic nécessitera dans les installations des gares et stations de la ligne ne pourront être entreprises qu'autant que l'utilité en aura été reconnue par les délégués de la ville concessionnaire. Il est entendu d'ailleurs que ces modifications et agrandissements resteront entièrement à la charge de la ville de Colmar.

10. Le présent traité prendra date à partir du jour où l'exploitation aura commencé et expirera le 31 décembre de la sixième année.

11. Les contestations qui pourraient survenir entre les parties contractantes pour l'exécution des clauses du présent traité seront jugées par trois arbitres qui jugeront ensemble et au même titre comme amiables compositeurs, souverainement et sans appel ni réserve.

Les parties s'entendront pour la nomination de ces arbitres, et, en cas de contestations ils seront nommés par le tribunal de commerce de la Seine.

12. La présente convention ne sera valable qu'après avoir reçu l'approbation de M. le ministre des travaux publics.

Fait en double expédition, à Paris le neuf octobre mil huit cent soixante-sept.

Signé SAUVAGE, BAUDE, et H. DE PEYERIMHOFF.

Cahier des charges de la concession d'un chemin de fer d'intérêt local de Colmar au Rhin.

TITRE Iᵉʳ.

TRACÉ ET CONSTRUCTION.

ART. 1ᵉʳ. Le chemin de fer d'intérêt local de Colmar au Rhin se détachera de la ligne de Strasbourg à Bâle au Nord de la gare de Colmar ; il reliera Colmar et la ligne de l'Est au bassin du canal, se dirigera de Horbourg sur Neuf-Brisach et ira aboutir au Rhin en face de Vieux-Brisach.

Il sera construit par la ville de Colmar , qui en demande la concession et qui traitera avec une compagnie quelconque pour l'exploitation.

2. Les travaux devront être commencés dans un délai d'un an, à dater du décret de concession , et terminés dans un délai de cinq ans , à partir de la date du décret,de manière à ce que le chemin soit praticable et exploité dans toutes ses parties à l'expiration de ce dernier délai.

3. Le tracé et le profil du chemin de fer seront arrêtés,sur la production de projets d'ensemble comprenant, pour la ligne entière ou pour chaque section de la ligne :

1° Un plan général à l'échelle de un dix-millième;

2° Un profil en long à l'échelle de un cinq - millième pour les longueurs et de un cinq-centième pour les hauteurs, dont les cotes seront rapportées au niveau moyen de la mer, pris pour point de comparaison. Au-dessous de ce profil , on indiquera, au moyen de trois lignes horizontales disposées à cet effet, savoir :

Les distances kilométriques du chemin de fer, comptées à partir de son origine ;

La longueur et l'inclinaison de chaque pente ou rampe ;

La longueur des parties droites et le développement des parties courbes du tracé, en faisant connaitre le rayon correspondant à chacune de ces dernières ;

3° Un certain nombre de profils en travers, y compris le profil type de la voie ;

4° Un mémoire dans lequel seront justifiées toutes les dispositions essentielles du projet et un devis descriptif dans lequel seront reproduites, sous forme de tableau, les indications relatives aux déclivités et aux courbes déjà données sur le profil en long.

La position des gares et stations projetées, celle des cours d'eau et des voies de communication traversés par le chemin de fer, des passages , soit à niveau, soit au-dessus , soit en-dessous de la voie ferrée, devront être indiquées tant sur le plan que sur le profil en long ; le tout sans préjudice des projets à fournir pour chacun de ces ouvrages. Dans les études de détail relatives au passage du chemin de fer à Neuf-Brisach, on cherchera d'abord à faire pénétrer la voie dans la place ; si cette solution ne paraît pas susceptible d'être réalisée, on tracera la voie au sud et non au nord de Neuf-Brisach. Dans tous les cas, les projets de détail seront préparés de manière à ne créer aucun couvert dangereux à proximité de la place, et ils seront soumis à des conférences mixtes.

4. Les terrains pourront être acquis et les ouvrages d'art pourront être exécutés pour une voie seulement.

Les terrains acquis par la ville concessionnaire pour l'établissement d'une seconde voie ne pourront recevoir une autre destination.

5. La largeur de la voie entre les bords intérieurs des rails devra être d'un mètre quarante-quatre centimètres (1^m,44) à un mètre quarante-cinq centimètres (1^m,45). Dans les parties à deux voies, la largeur de l'entre voie, mesurée entre les bords extérieurs des rails, sera de deux mètres (2^m,00).

La largeur des accotements, c'est-à-dire des parties comprises de chaque côté entre le bord extérieur du rail et l'arête supérieure du ballast, sera de un mètre (1.ᵐ,00) au moins.

On ménagera au pied de chaque talus du ballast une banquette de cinquante centimètres (0ᵐ,50) de largeur.

La ville concessionnaire établira le long du chemin de fer les fossés ou rigoles qui seront jugés nécessaires pour l'asséchement de la voie et pour l'écoulement des eaux.

Les dimensions de ces fossés et rigoles seront déterminées par l'administration, suivant les circonstances locales, sur les propositions de la ville.

6. Les alignements seront raccordés entre eux par des courbes dont le rayon ne pourra être inférieur à trois mètres. Une partie droite de cent mètres au moins de longueur devra être ménagée entre deux courbes consécutives, lorsqu'elles seront dirigées en sens contraire.

Le maximum de l'inclinaison des pentes et rampes est fixé à quinze millimètres par mètre.

La ville aura la faculté de proposer aux dispositions de cet article et à celles de l'article précédent les modifications qui lui paraîtraient utiles.

7. Il y aura deux voies à chaque station.

Le nombre, l'emplacement et l'étendue des stations de voyageurs et des gares de marchandises seront déterminés par le préfet, sur les propositions de la ville concessionnaire, après une enquête spéciale.

La ville concessionnaire sera tenue, préalablement à tout commencement d'exécution, de soumettre à l'administration le projet desdites gares, lequel se composera :

1° D'un plan à l'échelle de un cinq-centième ;

2° D'un mémoire descriptif et justificatif.

8. Le concessionnaire sera tenu de rétablir les communications interrompues par le chemin de fer, suivant les dispositions qui seront approuvées par l'administration.

9. Lorsque le chemin de fer devra passer au-dessus d'une route impériale ou départementale, ou d'un chemin vicinal, l'ouverture du viaduc sera fixée par l'administration, en tenant compte des circonstances locales ; mais cette ouverture ne pourra, en aucun cas, être inférieure à huit mètres (8ᵐ,00) pour la route impériale, à sept mètres (7ᵐ,00) pour la route départementale, à cinq mètres (5ᵐ00) pour un simple chemin vicinal de grande communication, et à quatre mètres (4ᵐ00) pour un simple chemin vicinal.

Pour les viaducs de forme cintrée, la hauteur sous clef, à partir du sol de la route, sera de cinq mètres (5ᵐ,00) au moins. Pour ceux qui seront formés de poutres horizontales en bois ou en fer, la hauteur sous poutre sera de quatre mètres trente centimètres (4ᵐ30) au moins.

La largeur entre les parapets sera au moins de quatre mètres cinquante centimètres (4ᵐ,50). La hauteur de ces parapets sera fixée par l'administration et ne pourra, dans aucun cas, être inférieure à quatre-vingts centimètres (0ᵐ,80).

10. Lorsque le chemin de fer devra passer au-dessous d'une route

impériale ou départementale, ou d'un chemin vicinal, la largeur entre les parapets du pont qui supportera la route ou le chemin sera fixée par l'administration, en tenant compte des circonstances locales ; mais cette largeur ne pourra, dans aucun cas, être inférieure à huit mètres ($8^m,00$) pour la route impériale, à sept mètres ($7^m,00$) pour la route départementale, à cinq mètres ($5^m,00$) pour un chemin vicinal de grande communication, et à quatre mètres ($4^m,00$) pour un simple chemin vicinal.

L'ouverture du pont entre les culées sera au moins de quatre mètres cinquante centimètres ($4^m,50$), et la distance verticale ménagée au-dessus des rails extérieurs de chaque voie pour le passage des trains ne sera pas inférieure à quatre mètres quatre-vingts centimètres ($4^m,80$) au moins.

11. Dans le cas où des routes impériales ou départementales, ou des chemins vicinaux, ruraux ou particuliers, seraient traversés à leur niveau par le chemin de fer, les rails devront être posés sans aucune saillie ni dépression sur la surface de ces routes, et de telle sorte qu'il n'en résulte aucune gêne pour la circulation des voitures.

Le croisement à niveau du chemin de fer et des routes ou chemins pourra s'effectuer sous un angle de trente degrés.

Chaque passage à niveau établi sur une route ou sur un chemin public sera muni de barrières lisses à bascule ou chaîne ; il y sera, en outre , établi une maison de garde toutes les fois que l'utilité en sera reconnue par l'administration.

12. Lorsqu'il y aura lieu de modifier l'emplacement ou le profil des routes existantes, l'inclinaison des pentes et rampes sur les routes modifiées ne pourra excéder trois centimètres ($0^m,03$) par mètre pour les routes impériales ou départementales, et cinq centimètres ($0^m,05$) pour les chemins vicinaux.

L'administration restera libre, toutefois, d'apprécier les circonstances qui pourraient motiver une dérogation à cette clause, comme à celle qui est relative à l'angle de croisement des passages à niveau.

13. La ville concessionnaire sera tenue de rétablir et d'assurer à ses frais l'écoulement de toutes les eaux dont le cours serait arrêté, suspendu ou modifié par ses travaux, et de prendre les mesures nécessaires pour prévenir l'insalubrité pouvant résulter des chambres d'emprunt.

Les viaducs à construire à la rencontre des rivières, des canaux et des cours d'eau quelconques auront au moins quatre mètres cinquante centimètres ($4^m,50$) de largeur entre les parapets. La hauteur de ces parapets sera fixée par l'administration et ne pourra être inférieure à quatre-vingts centimètres ($0^m,80$). Toutefois, les parapets ne seront pas établis au-dessus des aqueducs.

La hauteur et le débouché du viaduc seront déterminés, dans chaque cas particulier, suivant les circonstances locales. par le préfet, sur l'avis de l'ingénieur en chef du département. Les projets de ponts à établir sur les cours d'eau traversés par la voie dans toute son étendue seront soumis, suivant l'usage, à une conférence mixte dans laquelle les officiers du génie indiqueront les dispositions à y introduire dans l'intérêt de la défense.

14. Les souterrains à établir pour le passage du chemin de fer pourront n'avoir que quatre mètres cinquante centimètres (4^{m}50) de largeur entre les pieds-droits au niveau des rails, et cinq mètres cinquante centimètres (5^m,50) de hauteur sous clef au-dessus de la surface des rails.

15. A la rencontre des routes impériales ou départementales et des autres chemins publics, il sera construit des chemins et ponts provisoires, par les soins et aux frais de la ville concessionnaire, partout où cela sera jugé nécessaire pour que la circulation n'éprouve ni interruption ni gène pendant l'exécution des travaux.

Avant que les communications existantes puissent être interceptées, une reconnaissance sera faite par les ingénieurs de la localité à l'effet de constater si les ouvrages provisoires présentent une solidité suffisante et s'ils peuvent assurer le service de la circulation.

Un délai sera fixé par le préfet, sur l'avis de l'ingénieur en chef, pour l'exécution des travaux définifs destinés à rétablir les communications interceptées.

16. La ville concessionnaire n'emploiera, dans l'exécution des ouvrages, que des matériaux de bonne qualité; elle sera tenue de se conformer à toutes les règles de l'art, de manière à obtenir une construction parfaitement solide.

Tous les aqueducs, ponceaux, ponts et viaducs à construire à la rencontre des divers cours d'eau et des chemins publics ou particuliers seront en maçonnerie ou en fer, sauf les cas d'exception qui pourront être admis par le préfet, sur l'avis de l'ingénieur en chef du département.

17. Les voies seront établies d'une manière solide et avec des matériaux de bonne qualité.

Le poids des rails sera au moins de trente-cinq kilogrammes, sauf les réductions qui seraient autorisées par l'administration.

18. Le chemin de fer sera séparé des propriétés riveraines par des murs, haies ou toute autre clôture dont le mode et la disposition seront autorisés, partout où la compagnie n'aura pas été dispensée par décision du préfet.

19. Tous les terrains nécessaires pour l'établissement du chemin de fer et de ses dépendances, pour la déviation des voies de communication et des cours d'eau déplacés, et, en général, pour l'exécution des travaux, quels qu'ils soient, auxquels cet établissement pourra donner lieu, seront achetés et payés par la ville de Colmar.

Les indemnités pour occupation temporaire ou pour détérioration de terrains, pour chômage, modification ou destruction d'usines, et pour tous dommages quelconques résultant des travaux, seront supportées et payées par la ville.

20. L'opération étant d'utilité publique, la ville de Colmar est investie, pour l'exécution des travaux dépendant de sa concession, de tous les droits que les lois et règlements confèrent à l'administration en matière de travaux publics, soit pour l'acquisition des terrains par voie d'expropriation, soit pour l'extraction, le transport et le dépôt des terres, matériaux, etc., et elle demeure en même temps soumise à toutes les obligations qui dérivent, pour l'administration, de ces lois et règlements.

21. Dans les limites de la zone frontière et dans le rayon de servitude des enceintes fortifiées, la ville sera tenue, pour l'étude et l'exécution de ses projets, de se soumettre à l'accomplissement de toutes les formalités, de toutes les conditions exigées par les lois, décrets et règlements concernant les travaux mixtes.

22. Si la ligne du chemin de fer traverse un sol déjà concédé pour l'exploitation d'une mine, l'administration déterminera les mesures à prendre pour que l'établissement du chemin de fer ne nuise pas à l'exploitation de la mine et réciproquement pour que, le cas échéant, l'exploitation de la mine ne compromette pas l'existence du chemin de fer.

23. Si le chemin de fer doit s'étendre sur des terrains renfermant des carrières ou les traverser souterrainement, il ne pourra être livré à la circulation avant que les excavations qui pourraient en compromettre la solidité aient été remblayées ou consolidées. L'administration déterminera la nature et l'étendue des travaux qu'il conviendra d'entreprendre à cet effet, et qui seront d'ailleurs exécutés par les soins et aux frais de la ville.

24. Pour l'exécution des travaux, la ville se soumettra aux décisions ministérielles concernant l'interdiction du travail les dimanches et jours fériés.

25. Les travaux seront exécutés sous le contrôle et la surveillance du préfet.

Ce contrôle et cette surveillance auront pour objet d'empêcher la ville concessionnaire de s'écarter des dispositions prescrites par le présent cahier des charges et de celles qui résulteront des projets approuvés.

26. A mesure que des travaux seront terminés sur des parties de chemin de fer susceptibles d'être livrées utilement à la circulation, il sera procédé, sur la demande de la ville concessionnaire, à la reconnaissance et, s'il y a lieu, à la réception provisoire de ces travaux par les ingénieurs des ponts et chaussées désignés à cet effet par le préfet.

Sur le vu du procès-verbal de cette reconnaissance, l'administration autorisera, s'il y a lieu, la mise en exploitation des parties dont il s'agit; après cette autorisation, la ville concessionnaire pourra mettre les parties en service et y percevoir les taxes ci-après déterminées. Toutefois, ces réceptions partielles ne deviendront définitives que par la réception générale et définitive du chemin de fer.

27. Après l'achèvement total des travaux, et dans le délai qui sera fixé par l'administration, la ville fera faire à ses frais un bornage contradictoire et un plan cadastral du chemin de fer et de ces dépendances.

Une expédition dûment certifiée des procès-verbaux de bornage et du plan cadastral sera dressée aux frais de la ville et déposée dans les archives de la préfecture.

Les terrains acquis par la ville postérieurement au bornage général, en vue de satisfaire aux besoins de l'exploitation, et qui par cela même deviendront partie intégrante du chemin de fer, donneront lieu, au fur et à mesure de leur acquisition, à des bornages supplémentaires et seront ajoutés sur le plan cadastral.

TITRE II.

ENTRETIEN ET EXPLOITATION.

28. Le chemin de fer et toutes ses dépendances seront constamment entretenus en bon état, de manière que la circulation y soit toujours facile et sûre.

Les frais d'entretien et ceux auxquels donneront lieu les réparations ordinaires et extraordinaires seront entièrement à la charge de la compagnie qui aura entrepris l'exploitation.

Si le chemin de fer, une fois achevé, n'est pas constamment entretenu en bon état, il y sera pourvu d'office à la diligence de l'administration et aux frais de la compagnie exploitante, sans préjudice, s'il y a lieu, de l'application des dispositions indiquées ci-après dans l'article 35.

Le montant des avances faites sera recouvré au moyen de rôles que le préfet rendra exécutoires.

29. La compagnie chargée de l'exploitation sera tenue d'établir à ses frais, partout où besoin sera, des gardiens en nombre suffisant pour assurer la sécurité du passage des trains sur la voie et celle de la circulation ordinaire sur les points où le chemin de fer sera traversé à niveau par des routes ou chemins.

30. Les machines locomotives qui seront employées par la compagnie exploitante devront être construites sur les meilleurs modèles; elles devront consumer leur fumée et satisfaire, d'ailleurs, à toutes les conditions prescrites ou à prescrire par l'administration pour la mise en service de ce genre de machines.

Les voitures des voyageurs devront également être faites d'après les meilleurs modèles et satisfaire à toutes les conditions réglées ou à régler pour les voitures servant au transport des voyageurs sur les chemins de fer. Elles seront suspendues sur ressorts, garnies de banquettes et munies de rideaux.

Il y aura au moins trois classes :

Les voitures de première classe seront couvertes, garnies et fermées à glaces ;

Celles de deuxième classe seront couvertes, fermées à glace, et auront des banquettes rembourrées ;

Celles de troisième classe seront couvertes, fermées à vitres et munies de banquettes à dossier.

L'intérieur de chacun des compartiments de toute classe contiendra l'indication du nombre des places de ce compartiment.

L'administration pourra exiger qu'un compartiment de chaque classe soit réservé dans les trains de voyageurs aux femmes voyageant seules.

Les voitures des voyageurs, les wagons destinés au transport des marchandises, des chaises de poste, des chevaux ou des bestiaux, les plates-formes, et, en général, toutes les parties du matériel roulant, seront de bonne et solide construction.

La compagnie sera tenue, pour la mise en service de ce matériel, de se soumettre à tous les règlements sur la matière.

3

Les machines locomotives, tenders, voitures, wagons de toute espèce, plates-formes composant le matériel roulant, seront constamment entretenus en bon état.

31. Des règlements rendus par le préfet, après que la ville concessionnaire aura été entendue, détermineront les mesures et les dispositions nécessaires pour assurer la police et l'exploitation du chemin de fer, ainsi que la conservation des ouvrages qui en dépendent.

Toutes les dépenses qu'entraînera l'exécution des mesures prescrites en vertu de ces règlements seront à la charge de la compagnie chargée de l'exploitation.

La ville sera tenue de soumettre à l'approbation du préfet les règlements relatifs au service et à l'exploitation du chemin de fer.

Les règlements dont il s'agit dans les deux paragraphes précédents seront obligatoires non seulement pour le concessionnaire, mais encore pour tous ceux qui obtiendraient ultérieurement l'autorisation d'établir des lignes de chemin de fer d'embranchement ou de prolongement, et, en général, pour toutes les personnes qui emprunteraient l'usage du chemin de fer.

Le préfet déterminera, sur la proposition de la ville concessionnaire, le minimum et le maximum de vitesse des convois de voyageurs et de marchandises et des convois spéciaux des postes, ainsi que la durée du trajet.

32. Pour tout ce qui concerne l'entretien et les réparations du chemin de fer et de ses dépendances, l'entretien du matériel et le service de l'exploitation, la compagnie qui aura traité pour l'exploitation sera soumise au contrôle et à la surveillance de l'administration.

Outre la surveillance ordinaire, l'administration déléguera, aussi souvent qu'elle le jugera utile, un ou plusieurs commissaires pour reconnaître et constater l'état du chemin de fer, de ses dépendances et du matériel.

TITRE III.

DURÉE, RACHAT ET DÉCHÉANCE DE LA CONCESSION.

33. La ligne mentionnée à l'article 1er du présent cahier des charges est concédée à la ville de Colmar pour quatre-vingt-dix-neuf ans, à compter du jour de l'ouverture de la ligne et au plus tard de l'expiration du délai accordé pour l'exécution.

34. A l'époque fixée pour l'expiration de la concession, et par le seul fait de cette expiration, le département sera subrogé à tous les droits de la ville sur le chemin de fer et ses dépendances, et il entrera immédiatement en jouissance de tous ses produits.

La ville sera tenue de lui remettre en bon état d'entretien le chemin de fer et tous les immeubles qui en dépendent, quelle qu'en soit l'origine, tels que les bâtiments des gares et stations, les remises, ateliers et dépôts, les maisons de garde, etc. Il en sera de même de tous les objets immobiliers dépendant également dudit chemin, tels que les barrières et clôtures, les voies, changement de voies, plaques tournantes, réservoirs d'eau, grues hydrauliques, machines fixes, etc.

Dans les cinq dernières années qui précéderont le terme de la concession, le département aura le droit de saisir les revenus du chemin de fer et de les employer à rétablir en bon état le chemin de fer et ses dépendances, si la ville ne se mettait pas en mesure de satisfaire pleinement et entièrement à cette obligation.

En ce qui concerne les objets mobiliers, tels que le matériel roulant, les matériaux, combustibles et approvisionnements de tout genre, le mobilier des stations, l'outillage des ateliers et des gares, le département sera tenu, si la ville le requiert, de reprendre tous ces objets sur l'estimation qui en sera faite à dire d'experts, et réciproquement, si le département le requiert, la ville sera tenue de les céder de la même manière.

Toutefois, le département ne pourra être tenu de reprendre que les approvisionnements nécessaires à l'exploitation du chemin pendant six mois.

35. A toute époque après l'expiration de quinze premières années de la concession, le département aura la faculté de racheter la concession entière du chemin de fer.

Pour régler le prix du rachat, on relèvera les produits nets annuels obtenus par la ville pendant les sept années qui auront précédé celle où le rachat sera effectué : on en déduira les produits nets des deux plus faibles années, et l'on établira le produit net moyen des cinq autres années.

Ce produit net moyen formera le montant d'une annuité qui sera due et payée à la ville pendant chacune des années restant à courir sur la durée de la concession.

Dans aucun cas, le montant de l'annuité ne sera inférieur au produit net de la dernière des sept années prises pour terme de la comparaison.

La ville recevra, en outre, dans les trois mois qui suivront le rachat, les remboursements auxquels elle aura droit à l'expiration de la concession, selon l'article 34 ci-dessus.

36. Si la ville n'a pas commencé les travaux ou présenté les projets dans le délai fixé par l'article 2, elle encourra la déchéance, sans qu'il y ait lieu à aucune notification ou mise en demeure préalable.

37. Faute par la ville concessionnaire d'avoir terminé les travaux dans le délai fixé par l'article 2, faute aussi par elle d'avoir rempli les diverses obligations qui lui sont imposées par le présent cahier des charges, elle encourra la déchéance, et il sera pourvu tant à la continuation et à l'achèvement des travaux qu'à l'exécution des autres engagements contractés par la ville, au moyen d'une adjudication que l'on ouvrira sur une mise à prix des ouvrages exécutés, des matériaux approvisionnés et des parties de chemin de fer déjà livrées à l'exploitation.

Les soumissions pourront être inférieures à la mise à prix.

La nouvelle compagnie sera soumise aux clauses du présent cahier des charges, et la ville concessionnaire évincée recevra d'elle le prix que la nouvelle adjudication aura fixé.

Si l'adjudication ouverte n'amène aucun résultat, une seconde adjudication sera tentée sur les mêmes bases, après un délai de trois mois ; si cette seconde tentative reste également sans résultat, la ville sera définitivement déchue de tous droits, et alors les ouvrages exécutés, les matériaux approvisionnés et les parties du chemin de fer déjà livrées à l'exploitation appartiendront au département.

38. Si l'exploitation du chemin de fer vient à être interrompue en

totalité ou en partie, le préfet, sur l'avis de l'ingénieur en chef du département, prendra immédiatement, aux frais et risques de la compagnie exploitante, les mesures nécessaires pour assurer provisoirement le service.

Si, dans les trois mois de l'organisation du service provisoire, la compagnie n'a pas valablement justifié qu'elle est en état de reprendre et de continuer l'exploitation, et si elle ne l'a pas effectivement reprise, la déchéance pourra être prononcée par le préfet. Cette déchéance prononcée, le chemin de fer et toutes ses dépendances seront mis en adjudication, et il sera procédé ainsi qu'il est dit à l'article précédent.

39. Les dispositions des trois articles qui précèdent cesseraient d'être applicables, et la déchéance ne serait pas encourue, dans le cas où la ville concessionnaire n'aurait pu remplir ses obligations par suite de circonstances de force majeure dûment constatées.

TITRE IV.

TAXES ET CONDITIONS RELATIVES AU TRANSPORT DES VOYAGEURS ET DES MARCHANDISES.

40. Pour indemniser la ville de Colmar des travaux et dépenses qu'elle s'engage à faire par le présent cahier des charges, et sous la condition expresse qu'elle en remplira exactement toutes les obligations, le Gouvernement lui accorde l'autorisation de percevoir les prix de transport suivants :

TARIF. 1° PAR TÊTE ET PAR KILOMÈTRE.	PRIX		
	de péage.	de transport.	TOTAUX.
	fr. c.	fr. c.	fr. c.
Grande vitesse.			
Voyageurs.. — Voitures de 1er classe	0 079	0 033	0 112
Voyageurs.. — Voitures de 2e classe....................	0 059	0 025	0 084
Voyageurs.. — Voitures de 3e classe....................	0 043	0 018	0 061
Enfants. ... — Au-dessous de trois ans, les enfants ne payent rien, s'ils sont portés sur les genoux. De trois ans à sept ans, ils paient demi place. Au-dessus de sept ans, ils payent place entière.			
Chiens transportés dans les trains de voyageurs........	0 0118	0 005	0 0168
(Perception minimum, 0 fr. 30 c.)			
Petite vitesse.			
Bœufs, vaches, taureaux, mulets, bêtes de trait........	0 159	0 065	0 224
Veaux et porcs...	0 0596	0 030	0 0896
Moutons, brebis, agneaux, chèvres.....................	0 0224	0 0224	0 0448
Ces prix seront doublés si les animaux ci-dessus sont, sur la demande des expéditeurs, transportés à la vitesse des trains de voyageurs.			

	PRIX		
2° PAR TONNE ET PAR KILOMÈTRE.	de péage.	de trans-port.	TOTAUX.

Marchandises transportées à grande vitesse.

		de péage.	de trans-port.	TOTAUX.
		fr. c.	fr. c.	fr. c.
Huîtres, poissons frais, denrées, excédants de bagages et marchandises de toute classe transportées à la vitesse des trains de voyageurs	De 0 à 40 kilogrammes	0 30	0 20	0 50
	Au-dessus de 40 kilogrammes	0 24	0 16	0 40
Pour denrées, par colis au-dessus de 50 kilogrammes..		0 17	0 11	0 28

Marchandises transportées à petite vitesse.

	de péage.	de trans-port.	TOTAUX.
1re classe. — Spiritueux. — Huiles. — Bois de menuiserie, de teinture et autres bois exotiques. — Produits chimiques non dénommés. — Œufs. — Viande fraîche. — Gibier. — Sucre. — Café. — Drogues. — Épiceries. — Tissus. — Denrées coloniales. — Objets manufacturés. — Armes......................	0 09	0 07	0 16
2e classe. — Blés. — Grains. — Farines. — Légumes farineux. — Ris, maïs, châtaignes et autres denrées alimentaires non dénommées. — Chaux. — Plâtre. — Charbons de bois. — Bois à brûler dit *de corde.* — Perches. — Chevrons. — Planches. — Madriers. — Bois de charpente. — Marbre en bloc. — Albâtre. — Bitumes. — Cotons. — Laines. — Vins. — Vinaigres. — Boissons. — Bières. — Levure sèche. — Coke. — Fers. — Cuivre. — Plomb et autres métaux, ouvrés ou non. — Fontes moulées......................	0 08	0 06	0 14
3e classe. — Pierres de taille et produits de carrières. — Minérais autres que les minérais de fer. — Fonte brute. — Sel. — Moellons. — Meulières. — Argiles. — Briques. — Ardoises...........................	0 06	0 04	0 10
4e classe. — Houille. — Marne. — Cendres. — Fumiers et engrais. — Pierres à chaux et à plâtre. — Pavés et matériaux pour la construction et la réparation des routes. — Minérais de fer. — Cailloux et sable	0 05	0 03	0 08

3° VOITURES ET MATÉRIEL ROULANT TRANSPORTÉS A PETITE VITESSE.

Par pièce et par kilomètre.

	de péage.	de trans-port.	TOTAUX.
Voitures à deux ou quatre roues, à un fond et à une seule banquette dans l'intérieur	0 15	0 10	0 25
Voitures à quatre roues, à deux fonds et à deux banquettes dans l'intérieur, omnibus, diligences, etc...	0 18	0 14	0 32

Lorsque les transports auront lieu à la vitesse des trains de voyageurs, les prix ci-dessus seront doublés.

Dans ce cas, deux personnes pourront, sans supplément de prix, voyager dans les voitures à une banquette, et trois dans les voitures à deux banquet-

	PRIX		
	de péage.	de transport.	TOTAUX.
	fr. c.	fr. c.	fr. c.
tes, omnibus, diligences, etc. ; les voyageurs excédant ce nombre payeront le prix des places de deuxième classe. Voitures de déménagement à deux ou à quatre roues, à vide	0 12	0 08	0 20
Ces voitures, lorsqu'elles sont chargées, payeront, en sus des prix ci-dessus , par tonne de chargement et par kilomètre	0 08	0 06	0 14
Une voiture des pompes funèbres renfermant un ou plusieurs cercueils sera transportée aux mêmes prix et conditions qu'une voiture à quatre roues, à deux fonds et à deux banquettes.....	0 36	0 28	0 64
Chaque cercueil confié à l'administration du chemin de fer sera transporté, dans un compartiment isolé, au prix de	0 18	0 12	0 30

4° SERVICE DES POMPES FUNÈBRES ET TRANSPORT DE CERCUEILS.

Grande vitesse.

Les prix déterminés ci-dessus pour le transport à grande vitesse ne comprennent pas l'impôt dû à l'État, ni les frais accessoires d'enregistrement, de chargement, de déchargement et de magasinage dans les gares et magasins de chemin de fer.

· Il est expressément entendu que les prix de transport ne seront dus à la compagnie qu'autant qu'elle effectuerait elle-même ces transports à ses frais et par ses propres moyens : dans le cas contraire, elle n'aura droit qu'aux prix fixés pour le péage.

La perception aura lieu d'après le nombre de kilomètres parcourus. Tout kilomètre entamé sera payé comme s'il avait été parcouru en entier.

Si la distance parcourue est inférieure à six kilomètres, elle sera comptée pour six kilomètres.

Le poids de la tonne est de mille kilogrammes.

Les fractions de poids ne seront comptées, tant pour la grande que pour la petite vitesse, que par centième de tonne ou par dix kilogrammes.

Ainsi, tout poids compris entre zéro et dix kilogrammes payera comme dix kilogrammes ; entre dix et vingt, comme vingt kilogrammes, etc.

Toutefois, pour les excédants de bagages et marchandises à grande vitesse, les coupures seront établies: 1° de zéro à cinq kilogrammes ; 2° au-dessus de cinq jusqu'à dix kilogrammes ; 3° au-dessus de dix kilogrammes, par fraction indivisible de dix kilogrammes.

Quelle que soit la distance parcourue, le prix d'une expédition quelconque, soit en grande, soit en petite vitesse, ne pourra être moindre de quarante centimes.

41. A moins d'une autorisation spéciale et révocable du préfet, tout train régulier de voyageurs devra contenir des voitures de toute classe en nombre suffisant pour toutes les personnes qui se présenteraient dans les bureaux du chemin de fer.

Dans chaque train de voyageurs, la compagnie aura la faculté de placer des voitures à compartiments spéciaux pour lesquels il sera établi des prix particuliers que l'administration fixera sur la proposition de la compagnie; mais le nombre des places à donner dans ces compartiments ne pourra dépasser le cinquième du nombre total des places du train.

42. Tout voyageur dont le bagage ne pesera pas plus de trente kilogrammes n'aura à payer, pour le port de ce bagage, aucun supplément du prix de sa place.

Cette franchise ne s'appliquera pas aux enfants transportés gratuitement, et elle sera réduite à vingt kilogrammes pour les enfants transportés à moitié prix.

43. Les animaux, denrées, marchandises, effets et autres objets non désignés dans le tarif seront rangés, pour les droits à percevoir, dans les classes avec lesquelles ils auront le plus d'analogie, sans que jamais, sauf les exceptions formulées aux articles 45 et 46 ci-après, aucune marchandise non dénommée puisse être soumise à une taxe supérieure à celle de première classe du tarif ci-dessus.

Les assimilations de classes pourront être provisoirement réglées par la compagnie ; mais elles seront soumises immédiatement au préfet, qui statuera, sous la réserve de l'approbation du conseil général.

44. Les droits de péage et les prix de transport déterminés au tarif ne sont point applicables à toute masse indivisible pesant plus de trois mille kilogrammes (3,000 ^{k})

Néanmoins, la ville concessionnaire ne pourra se refuser à transporter les masses indivisibles pesant de trois à cinq mille kilogrammes : mais les prix de transport seront augmentés de moitié.

La ville concessionnaire ne pourra être contrainte à transporter les masses pesant plus de cinq mille kilogrammes (5,000^k).

Si, nonobstant la disposition qui précède, la ville concessionnaire transporte des masses indivisibles pesant plus de cinq mille kilogrammes, elle devra, pendant trois mois au moins, accorder les mêmes facilités à tous ceux qui en feraient la demande.

Dans ce cas, les prix de transport seront fixés par le préfet, sur la proposition de la ville concessionnaire.

45. Les prix de transport déterminés au tarif ne seront point applicables :

1° Aux denrées et objets qui ne sont pas nommément énoncés dans le tarif et qui ne pèseraient pas deux cents kilogrammes sous le volume d'un mètre cube ;

2° Aux matières inflammables et explosibles, aux animaux et objets dangereux, pour lesquels les règlements de police prescriraient des précautions spéciales ;

3° Aux animaux dont la valeur déclarée excéderait cinq mille francs ;

4° A l'or et à l'argent, soit en lingots, soit monnayés ou travaillés, au plaqué d'or et d'argent, au mercure et au platine, ainsi qu'aux bijoux, dentelles, pierres précieuses, objets d'art et autres valeurs ;

5° Et, en général, à tous paquets, colis ou excédants de bagages pesant isolément quarante kilogrammes et au-dessous.

Toutefois, les prix de transport déterminés au tarif sont applicables à tous paquets ou colis, quoique emballés à part, s'ils font partie d'envois pesant ensemble plus de quarante kilogrammes d'objets envoyés par une même personne à une même personne. Il en sera de même pour les excédants de bagages qui pèseraient ensemble ou isolément plus de quarante kilogrammes.

Le bénéfice de la disposition énoncée dans le paragraphe précédent, en ce qui concerne les paquets ou colis, ne peut être invoqué par les entrepreneurs de messageries et de roulage et autres intermédiaires de transport, à moins que les articles par eux envoyés ne soient réunis en un seul colis.

Dans les cinq cas ci-dessus spécifiés, les prix de transport seront arrêtés annuellement par le conseil général, tant pour la grande que pour la petite vitesse, sur la proposition de la ville concessionnaire.

En ce qui concerne les paquets ou colis mentionnés au paragraphe 5 ci-dessus, les prix de transport devront être calculés de telle manière qu'en aucun cas un de ces paquets ou colis ne puisse payer un prix plus élevé qu'un article de même nature pesant plus de quarante kilogrammes.

46. Dans le cas où la ville concessionnaire jugerait convenable, soit pour le parcours total, soit pour les parcours partiels de la voie de fer, d'abaisser, avec ou sans conditions, au-dessous des limites déterminées par le tarif, les taxes qu'elle est autorisée à percevoir, les taxes abaissées ne pourront être relevées qu'après un délai de trois mois ou moins pour les voyageurs et de six mois pour les marchandises.

Toute modification de tarif proposée par la ville concessionnaire sera annoncée un mois d'avance par des affiches.

La perception des tarifs modifiés ne pourra avoir lieu qu'avec l'homologation du préfet, conformément aux dispositions de la loi du 12 juillet 1865.

La perception des taxes devra se faire indistinctement et sans aucune faveur.

Tout traité particulier qui aurait pour effet d'accorder à un ou plusieurs expéditeurs une réduction sur les tarifs accordés demeure formellement interdit.

Toutefois, cette disposition n'est pas applicable aux traités qui pourraient intervenir entre le Gouvernement et la compagnie dans l'intérêt des services publics, ni aux réductions ou remises qui seraient accordées par la compagnie aux indigents.

En cas d'abaissement des tarifs, la réduction portera proportionnellement sur le péage et sur le transport.

47. La compagnie chargée de l'exploitation sera tenue d'effectuer constamment avec soin, exactitude et célérité, et sans tour de faveur,

le transport des voyageurs, bestiaux, denrées, marchandises, et objets quelconques qui lui sont confiés.

Les colis, bestiaux et objets quelconques seront inscrits, à la gare d'où ils partent et à la gare où ils arrivent, sur des registres spéciaux, au fur et à mesure de leur réception; mention sera faite, sur les registres de la gare du départ, du prix total dû pour leur transport.

Pour les marchandises ayant une même destination, les expéditions auront lieu suivant l'ordre de leur inscription à la gare de départ.

Toute expédition de marchandises sera constatée, si l'expéditeur le demande, par une lettre de voiture dont un exemplaire restera aux mains de la compagnie et l'autre aux mains de l'expéditeur. Dans le cas où l'expéditeur ne demanderait pas de lettre de voiture, la compagnie sera tenue de lui délivrer un récépissé qui énoncera la nature et le poids du colis, le prix total du transport et le délai dans lequel ce transport devra être effectué.

48. Les animaux, denrées, marchandises et objets quelconques seront expédiés et livrés de gare en gare dans les délais résultant des conditions ci-après exprimées :

1° Les animaux, denrées, marchandises et objets quelconques à grande vitesse seront expédiés par le premier train de voyageurs comprenant des voitures de toutes classes et correspondant avec leur destination, pourvu qu'ils aient été présentés à l'enregistrement trois heures avant le départ de ce train.

Ils seront mis à la disposition des destinataires, à la gare, dans le délai de deux heures après l'arrivée du même train.

2° Les animaux, denrées, marchandises et objets quelconques à petite vitesse seront expédiés dans le jour qui suivra celui de la remise; toutefois, le conseil général pourra étendre ce délai à deux jours. Le maximum de durée du trajet sera fixé par le conseil général, sur la proposition de la ville concessionnaire, sans que ce maximum puisse excéder vingt-quatre heures par fraction indivisible de cent vingt-cinq kilomètres.

Les colis seront mis à la disposition des destinataires dans le jour qui suivra celui de leur arrivée effective en gare.

Le délai total résultant des trois paragraphes ci-dessus sera seul obligatoire pour la compagnie.

Il pourra être établi un tarif réduit approuvé par le ministre, pour tout expéditeur qui acceptera des délais plus longs que ceux déterminés ci-dessus pour la petite vitesse.

Pour le transport des marchandises, il pourra être établi, sur la proposition de la compagnie, un délai moyen entre ceux de la grande et de la petite vitesse. Le prix correspondant à ce délai sera un prix intermédiaire entre ceux de la grande et de la petite vitesse.

Le préfet, la ville concessionnaire entendue, et sous la réserve de l'approbation du conseil général, déterminera par des règlements spéciaux les heures d'ouverture et de fermeture des gares et stations, tant en hiver qu'en été, ainsi que les dispositions relatives aux denrées apportées par les trains de nuit et destinées à l'approvisionnement des marchés des villes.

Lorsque la marchandise devra passer d'une ligne sur une autre sans solution de continuité, les délais de livraison et d'expédition au point de jonction seront fixés par l'administration, sur la proposition de la ville concessionnaire.

49. Les frais accessoires non mentionnés dans les tarifs, tels que ceux d'enregistrement, de chargement, de déchargement et de magasinage dans les gares et magasins du chemin de fer, seront fixés annuellement par le préfet, sur la proposition de la ville concessionnaire.

50. La ville concessionnaire sera tenue de faire, soit par elle-même, soit par un intermédiaire dont elle répondra, le factage et le camionnage, pour la remise à domicile des destinataires de toutes les marchandises qui lui sont confiées.

Le factage et le camionnage ne seront point obligatoires en dehors du rayon de l'octroi, non plus que pour les gares qui desserviraient, soit une population agglomérée de moins de cinq mille habitants, soit un centre de population de cinq mille habitants situé à plus de cinq kilomètres de la gare du chemin de fer.

Les tarifs à percevoir sont fixés par le préfet, sur la proposition de la ville concessionnaire. Ils seront applicables à tout le monde sans distinction.

Toutefois, les expéditeurs et destinataires resteront libres de faire eux-mêmes et à leurs frais le factage et le camionnage des marchandises.

51. A moins d'une autorisation spéciale du Conseil général, il est interdit à la ville concessionnaire, conformément à l'article 14 de la loi du 15 juillet 1845, de faire directement ou indirectement avec des entreprises de transport de voyageurs ou de marchandises par terre ou par eau, sous quelque dénomination ou forme que ce puisse être, des arrangements qui ne seraient pas consentis en faveur de toutes les entreprises desservant les mêmes voies de communication.

Le préfet, agissant en vertu de l'article 32 ci-dessus, prescrira les mesures à prendre pour assurer la plus complète égalité entre les diverses entreprises de transport dans leurs rapports avec le chemin de fer.

TITRE V.

52. Les militaires ou marins voyageant en corps, aussi bien que les militaires ou marins voyageant isolément pour cause de service, envoyés en congé limité ou en permission, ou rentrant dans leurs foyers après libération, ne seront assujettis, eux, leurs chevaux et leurs bagages, qu'à la moitié de la taxe du tarif fixé par le présent cahier des charges.

Si le Gouvernement avait besoin de diriger des troupes et un matériel militaire ou naval sur l'un des points desservis par le chemin de fer, la ville serait tenue de mettre immédiatement à sa disposition, pour la moitié de la taxe du même tarif, tous ses moyens de transport.

53. Les fonctionnaires ou agents chargés de l'inspection, du contrôle et de la surveillance du chemin de fer seront transportés gratuitement dans les voitures de la compagnie.

La même faculté est accordée aux agents des contributions indirectes et des douanes chargés de la surveillance des chemins de fer dans l'intérêt de la perception de l'impôt.

54. Le service des lettres et dépêches sera fait comme il suit :

1° A chacun des trains de voyageurs et de marchandises circulant aux heures ordinaires de l'exploitation, la ville sera tenue de réserver gratuitement un compartiment spécial d'une voiture de deuxième classe, ou un espace équivalent, pour recevoir les lettres, les dépêches et les agents nécessaires au service des postes, le surplus de la voiture restant à la disposition de la ville.

2° Si le volume des dépêches ou la nature du service rend insuffisante la capacité du compartiment à deux banquettes, de sorte qu'il y ait lieu d'en occuper un deuxième, la ville sera tenue de le livrer, et il sera payé à la ville, pour la location de ce deuxième compartiment, vingt centimes par kilomètre parcouru.

Lorsque la ville voudra changer les heures de départ de ses convois ordinaires, elle sera tenue d'en avertir l'administration des postes quinze jours à l'avance.

3° La ville sera tenue de transporter gratuitement par tous les convois de voyageurs tout agent des postes chargé d'une mission ou d'un service accidentel et porteur d'un ordre de service régulier délivré à Paris par le directeur général des postes.

Il sera accordé à l'agent des postes en mission une place de voiture de deuxième classe, ou de première classe, si le convoi ne comporte pas de voitures de deuxième classe.

4° L'administration se réserve le droit d'établir à ses frais, sans indemnité, mais aussi sans responsabilité pour la ville, tous poteaux ou appareils nécessaires à l'échange des dépêches sans arrêt de train, à la condition que ces appareils, par leur nature ou leur position, n'apportent pas d'entraves aux différents services de la ligne ou des stations.

5° Les employés chargés de la surveillance du service, les agents préposés à l'échange ou à l'entrepôt des dépêches, auront accès dans les gares ou stations pour l'exécution de leur service, en se conformant aux règlements de police intérieure de la ville.

55. La ville sera tenue, à toute réquisition, de faire partir par convoi ordinaire les wagons ou voitures cellulaires employés au transport des prévenus, accusés ou condamnés.

Les wagons et les voitures employés aux services dont il s'agit seront construits aux frais de l'État ou des départements ; leurs formes et dimensions seront déterminées de concert par le ministre de l'intérieur et par le ministre de l'agriculture, du commerce et des travaux publics, la ville entendue.

Les employés de l'administration, les gardiens et les prisonniers placés dans les wagons ou voitures cellulaires ne seront assujettis qu'à la moitié de la taxe applicable aux places de troisième classe, telle qu'elle est fixée par le présent cahier des charges.

Les gendarmes placés dans les mêmes voitures ne payeront que moitié de la même taxe.

Le transport des wagons et des voitures sera gratuit. Dans le cas où l'administration voudrait, pour le transport des prisonniers, faire usage des voitures de la ville, celle-ci serait tenue de mettre à sa disposition un ou plusieurs compartiments spéciaux de voitures de deuxième classe à deux banquettes. Le prix de location en sera fixé à raison de vingt centimes (0 fr. 20 c.) par compartiment et par kilomètre.

Les dispositions qui précèdent sont applicables au transport des jeunes délinquants recueillis par l'administration pour être transférés dans les établissements d'éducation.

56. Le Gouvernement se réserve la faculté de faire, le long des voies, toutes les constructions, de poser tous les appareils nécessaires à l'établissement d'une ligne télégraphique, sans nuire au service du chemin de fer.

Sur la demande de l'administration des lignes télégraphiques, il sera réservé, dans les gares des villes ou des localités qui seront désignées ultérieurement, le terrain nécessaire à l'établissement des maisonnettes destinées à recevoir le bureau télégraphique et son matériel.

La ville concessionnaire sera tenue de faire garder par ses agents les fils et appareils des lignes électriques, de donner aux employés télégraphiques connaissance de tous les accidents qui pourraient survenir et de leur en faire connaître les causes. En cas de rupture du fil télégraphique, les employés de la ville auront à raccrocher provisoirement les bouts séparés, d'après les instructions qui leur seront données à cet effet.

Les agents de la télégraphie voyageant pour le service de la ligne électrique auront le droit de circuler gratuitement dans les voitures du chemin de fer.

En cas de rupture du fil télégraphique ou d'accidents graves, une locomotive sera mise immédiatement à la disposition de l'inspecteur télégraphique de la ligne pour le transporter sur le lieu de l'accident avec les hommes et les matériaux nécessaires à la réparation. Ce transport devra être effectué dans des conditions telles qu'il ne puisse entraver la circulation publique.

Il sera alloué à la ville une indemnité d'un franc par kilomètre parcouru par la machine.

La ville sera tenue d'établir à ses frais les fils et appareils télégraphiques destinés à transmettre les signaux nécessaires pour la sûreté et la régularité de son exploitation.

Elle pourra, avec l'autorisation du ministre de l'intérieur, se servir des poteaux de la ligne télégraphique de l'État, lorsqu'une semblable ligne existera le long de la voie.

La ville sera tenue de se soumettre à tous les règlements d'administration publique concernant l'établissement et l'emploi de ces appareils.

TITRE VI.

CLAUSES DIVERSES.

57. Dans le cas où le Gouvernement ordonnerait ou autoriserait la construction de routes impériales, départementales ou vicinales, de chemins de fer ou de canaux qui traverseraient la ligne qui fait l'objet de la présente concession, la compagnie ne pourra s'opposer à ces tra_

vaux ; mais toutes les dispositions nécessaires seront prises pour qu'il n'en résulte aucun obstacle à la construction ou au service du chemin de fer, ni aucuns frais pour la ville concessionnaire.

58. Toute exécution ou autorisation ultérieure de route, de canal, de chemin de fer, de travaux de navigation dans la contrée où est situé le chemin de fer objet de la présente concession, ou dans une autre contrée voisine ou éloignée, ne pourra donner ouverture à aucune demande d'indemnité de la part de la ville concessionnaire.

59. Le Gouvernement se réserve expressément le droit d'accorder de nouvelles concessions de chemin de fer s'embranchant sur le chemin qui fait l'objet du présent cahier des charges, ou qui seraient établis en prolongement du même chemin.

La ville concessionnaire ne pourra mettre aucun obstacle à ces embranchements, ni réclamer, à l'occasion de leur établissement, aucune indemnité quelconque, pourvu qu'il n'en résulte aucun obstacle à la circulation, ni aucuns frais particuliers.

Les compagnies concessionnaires des chemins de fer d'embranchement ou de prolongement auront la faculté, moyennant les tarifs ci-dessus déterminés et l'observation des règlements de police et de service établis ou à établir, de faire circuler leurs voitures, wagons et machines sur le chemin de fer objet de la présente concession, pour lequel cette faculté sera réciproque à l'égard desdits embranchements ou prolongements.

Dans le cas où les diverses compagnies ne pourraient s'entendre entre elles sur l'exercice de cette faculté, le Gouvernement statuerait sur les difficultés qui s'élèveraient entre elles à cet égard.

Dans le cas où une compagnie d'embranchement ou de prolongement joignant la ligne qui fait l'objet de la présente concession n'userait pas de cette faculté de circuler sur cette ligne, comme aussi dans le cas où la ville concessionnaire de cette dernière ligne ne voudrait pas circuler sur les prolongements ou embranchements, les divers concessionnaires seraient tenus de s'arranger entre eux de manière que le service de transport ne soit jamais interrompu aux points de jonction des diverses lignes.

Celle des compagnies qui se servira d'un matériel qui ne serait pas sa propriété payera une indemnité en rapport avec l'usage et la détérioration de ce matériel. Dans le cas où les compagnies ne se mettraient pas d'accord sur la quotité de l'indemnité ou sur les moyens d'assurer la continuation du service sur toute la ligne, l'administration y pourvoirait d'office et prescrirait toutes les mesures nécessaires.

La ville concessionnaire pourra être assujettie, par les décrets qui seront ultérieurement rendus pour l'exploitation des chemins de fer de prolongement ou d'embranchement joignant celui qui lui est concédé, à accorder aux compagnies de ces chemins une réduction de péage ainsi calculée :

1° Si le prolongement ou l'embranchement n'a pas plus de cent kilomètres, dix pour cent (10 p. °/₀) du prix perçu, par la compagnie ;

2° Si le prolongement ou l'embranchement excède cent kilomètres, quinze pour cent (15 p. °/₀) ;

3° Si le prolongement ou l'embranchement excède deux cents kilomètres, vingt pour cent (20 p. $^0/_0$) ;

4° Si le prolongement ou l'embranchement excède trois cents kilomètres, vingt-cinq pour cent (25 p. $^0/_0$).

60. La ville concessionnaire sera tenue de s'entendre avec tout propriétaire de mines ou d'usines qui, offrant de se soumettre aux conditions ci-après prescrites, demanderait un nouvel embranchement ; à défaut d'accord, le préfet statuera sur la demande|, la ville concessionnaire entendue.

Les embranchements seront construits aux frais des propriétaires de mines et d'usines, et de manière à ce qu'il ne résulte de leur établissement aucune entrave à la circulation générale, aucune cause d'avarie pour le matériel, ni aucuns frais particuliers pour la compagnie.

Leur entretien devra être fait avec soin et aux frais de leurs propriétaires, et sous le contrôle de l'ingénieur des ponts et chaussées désigné à cet effet par le préfet. La ville concessionnaire aura le droit de faire surveiller par ses agents cet entretien, ainsi que l'emploi de son matériel sur les embranchements.

Le préfet pourra, à toute époque, prescrire les modifications qui seraient jugées utiles dans la soudure, le tracé ou l'établissement de la voie desdits embranchements, et les changements seront opérés aux frais des propriétaires.

Le préfet pourra même, après avoir entendu les propriétaires, ordonner l'enlèvement temporaire des aiguilles de soudure, dans le cas où les établissements embranchés viendraient à suspendre en tout ou partie leurs transports.

La compagnie chargée de l'exploitation sera tenue d'envoyer ses wagons à l'origine de tous les embranchements autorisés destinés à faire communiquer des établissements de mines ou d'usines avec la ligne principale du chemin de fer.

Elle amènera ses wagons à l'entrée des embranchements.

Les expéditeurs ou destinataires feront conduire les wagons dans leurs établissements pour les charger ou décharger et les ramèneront au point de jonction avec la ligne principale, le tout à leurs frais.

Les wagons ne pourront d'ailleurs être employés qu'au transport d'objets et marchandises destinés à la ligne principale du chemin de fer.

Le temps pendant lequel les wagons séjourneront sur les embranchements particuliers ne pourra excéder six heures, lorsque l'embranchement n'aura pas plus d'un kilomètre. Le temps sera augmenté, par kilomètre, d'une demi-heure en sus du premier, non compris les heures de la nuit, depuis le coucher jusqu'au lever du soleil.

Dans le cas où les limites de temps seraient dépassées, nonobstant l'avertissement spécial donné par la compagnie, elle pourra exiger une indemnité égale à la valeur du droit de loyer des wagons pour chaque période de retard après l'avertissement.

Les traitements des gardiens d'aiguille et des barrières des embranchements autorisés par le préfet seront à la charge des propriétaires des embranchements. Ces gardiens seront nommés et payés par la compagnie exploitante, et les frais qui en résulteront lui seront remboursés par lesdits propriétaires.

En cas de difficulté il sera statué par le préfet, la ville concessionnaire entendue.

Les propriétaires d'embranchements seront responsables des avaries
que le matériel pourrait éprouver pendant son parcours ou son séjour
sur ces lignes.

Dans le cas d'inexécution d'une ou plusieurs des conditions énon-
cées ci-dessus, le préfet pourra, sur la plainte de la compagnie et après
avoir entendu le propriétaire de l'embranchement, ordonner par un
arrêté la suspension du service et faire supprimer la soudure.

Pour indemniser la compagnie exploitante de la fourniture et de
l'envoi de son matériel sur les embranchements, elle est autorisée à
percevoir un prix fixe de douze centimes (0ᶠ 12ᶜ) par tonne pour le
premier kilomètre et, en outre, quatre centimes (0ᶠ 4ᶜ) par tonne et
kilomètre en sus du premier, lorsque la longueur de l'embranchement
excédera un kilomètre.

Tout kilomètre entamé sera payé comme s'il avait été parcouru en
entier.

Le chargement et le déchargement sur les embranchements s'opére-
ront aux frais des expéditeurs ou destinataires, soit qu'ils les fassent
eux-mêmes, soit que la compagnie chargée de l'exploitation soit tenue
de les opérer.

Dans ce dernier cas, ces frais seront l'objet d'un règlement arrêté
par l'administration supérieure, sur la proposition de la compagnie.

Tout wagon envoyé par la compagnie sur un embranchement devra
être payé comme wagon complet, lors même qu'il ne serait pas complétement chargé.

La surcharge, s'il y en a, sera payée au prix du tarif légal et au pro-
rata du poids réel. La compagnie sera en droit de refuser les charge-
ments qui dépasseraient le maximum de trois mille cinq cents kilogrammes déterminé en raison des dimensions actuelles des wagons.

Le maximum sera revisé par l'administration de manière à être toujours en rapport avec la capacité des wagons.

Les wagons seront pesés à la station d'arrivée ou de départ par les
soins et aux frais de la compagnie chargée de l'exploitation.

61. La contribution foncière sera établie en raison de la surface des
terrains occupés par le chemin de fer et ses dépendances ; la cote en
sera calculée comme pour les canaux, conformément à la loi du 25
avril 1803.

Les bâtiments et magasins dépendant de l'exploitation du chemin de
fer seront assimilés aux propriétés bâties de la localité. Toutes les contributions auxquelles ces édifices pourront être soumis seront, aussi
bien que la contribution foncière, à la charge de la compagnie.

62. Les agents et gardes que la compagnie chargée de l'exploitation
établira, soit pour la perception des droits, soit pour la surveillance et
la police du chemin de fer et de ses dépendances, pourront être asser-
mentés et seront, dans ce cas, assimilés aux gardes champêtres.

63. Un règlement d'administration publique désignera, la compagnie
entendue, les emplois dont la moitié devra être réservée aux anciens
militaires de l'armée de terre ou de mer libérés du service.

64. Les contestations qui s'élèveraient entre l'administration, la ville ncessionnaire et la compagnie chargée de l'exploitation, ou entre ces deux dernières, au sujet de l'exécution et de l'interprétation des clauses du présent cahier des charges, seront jugées administrativement par le conseil de préfecture du département du Haut-Rhin , sauf recours au Conseil d'État.

65. Le présent cahier des charges ne sera passible que du droit fixe d'un franc.

Présenté par le maire de Colmar.

Signé H. DE PEYERIMHOFF.

EXPOSÉ

DES MOTIFS DU PROJET DE LOI
TENDANT A AUTORISER LA VILLE DE COLMAR A EMPRUNTER
UNE SOMME DE 1,700,000 FRANCS, FORMANT SON CONTINGENT POUR
LA CONSTRUCTION DU CHEMIN DE FER
DE COLMAR AU RHIN.

Rapport déposé au Corps législatif, le 31 mars 1869.

« Messieurs,

« Le Conseil général du département du Haut-Rhin a approuvé l'établissement d'un chemin de fer d'intérêt local de Colmar à Neuf-Brisach, et il a voté en faveur de cette entreprise une subvention de 10,000 fr par kilomètre.

« La ville de Colmar a demandé, de son côté, la concession du chemin projeté pour une durée de 99 ans. L'administration municipale a passé en même temps, avec la compagnie des chemins de l'Est, un traité par lequel cette compagnie s'engage, la voie une fois terminée, à l'exploiter en régie, c'est-à-dire sans perte et sans bénéfice, moyennant le remboursement des frais d'exploitation qui seront retenus sur les produits.

« La voie projetée, d'une longueur d'environ 20 kilomètres, est destinée à former le prolongement jusqu'au Rhin de la ligne déjà concédée de Munster à Colmar, et à rattacher le réseau des voies ferrées de cette partie de l'Alsace au chemin de fer allemand de Vieux-Brisach à Fribourg, chemin dont la concession a été récemment accordée à cette dernière ville par le gouvernement grand-ducal de Bade. Elle reliera de plus, par le grand réseau de l'Est, la ville de Neuf-Brisach aux autres places fortes de l'Empire. Enfin elle mettra des centres industriels considérables en communication directe avec le bassin du canal des Houillères.

« L'intelligente initiative prise par les villes de Munster et de Colmar aura donc assuré la création d'un ensemble de voies ferrées qui, avec le modeste caractère de chemin de fer d'intérêt local, n'en paraît pas moins destiné à exercer une influence marquée non - seulement sur la propriété agricole et industrielle du département, mais aussi sur nos relations internationales.

« Les travaux projetés ont fait l'objet de conférences entre les ingénieurs civils et militaires, en raison de la situation de cette ligne dans la zône frontière ; et ils ont obtenu l'adhésion du ministre de la guerre.

« La dépense de l'entreprise a été fixée à la somme de 2,860,000 fr. ainsi répartie :

« Subvention du département . . . .   200,000 fr.
« Subvention de l'Etat. . . . .   960,000 »
« Subvention de la ville . . . . 1,700,000 »

« La ville de Colmar, pour réaliser son contingent, sollicite aujourd'hui l'autorisation d'emprunter cette somme de 1,700,000 fr., qui serait remboursable en trente années.

« L'amortissement de l'emprunt, exigeant en totalité   3,266,000 fr.

est assuré jusqu'à concurrence de . . . .   1,140,000 fr.
au moyen des produits de l'exploitation de la ligne.

« Le surplus, soit . . . .   2,126,000 fr·
sera couvert par des prélèvements successifs sur les ressources extraordinaires des forêts et sur les revenus ordinaires de la ville.

« Le produit brut du trafic sur le chemin projeté est estimé, par l'autorité municipale, à la somme annuelle de 8000 fr. par kilomètre, et selon toute probabilité cette évaluation sera largement dépassée. D'autre part, d'après les chiffres qui ont servi de base au traité passé par la commune de Munster avec la compagnie de l'Est, dans des conditions identiques, il est très-présumable que les frais d'exploitation ne s'élèveront pas à plus de 6000 fr. Le bénéfice annuel sera donc de 2000

4

francs au moins par kilomètre, et d'environ 40,000 fr. pour l'ensemble de la ligne.

« Il est dès-lors permis d'affirmer qu'en évaluant à 1,140,000 fr., ainsi qu'il est dit ci-dessus, le produit net de l'exploitation pendant la durée de l'amortissement, on reste probablement au-dessous du rendement réel.

« Le relevé des comptes administratifs établit que l'excédant moyen des recettes de la ville de Colmar sur les dépenses de même nature est de 100,000 fr. Cet excédant doit concourir, il est vrai, à l'extinction d'un passif de 2,633,372 fr. provenant principalement de plusieurs emprunts approuvés par les lois du 24 juillet 1860, 12 juin 1861, 27 mai 1863 et 31 juillet 1867. Mais il résulte, Messieurs, des documents financiers qui seront placés sous vos yeux que la commune n'a pas à imputer sur ses revenus une somme de plus de 46,315 fr. jusqu'en 1888, pour le service de sa dette, service qui est d'ailleurs garanti en partie, par des centimes extraordinaires, des taxes additionnelles d'octroi et d'autres ressources En outre, le ministre des finances a fait connaître que, de 1870 à 1898, il pourra être fait dans les bois communaux des coupes extraordinaires dont le produit est évalué à 774,000 fr.

« Vous reconnaîtrez sans doute, Messieurs, qu'il ressort de cet ensemble de faits que la ville de Colmar est en mesure de rembourser son nouvel emprunt dans les délais indiqués.

« Dans ces circonstances, nous avons l'honneur, Messieurs, de soumettre à votre approbation le projet de loi ci-joint qui consacre les propositions du Conseil municipal.

« *Article unique.* — La ville de Colmar (Haut-Rhin) est autorisée à emprunter, moyennant un taux d'intérêt qui n'excède pas 5 p. 100 fr.), une somme de un million sept cent mille francs, remboursable en trente ans, sur ses revenus, tant ordinaires qu'extraordinaires, pour le paiement de son contingent dans la dépense d'établissement d'un chemin de fer d'intérêt local de Colmar à Neuf-Brisach.

« Cet emprunt pourra être réalisé, soit avec publicité et concurrence, soit par voie de souscriptions, soit de gré à gré, avec faculté d'émettre des obligations au porteur ou transmissibles par voie d'endossement, soit directement auprès de la Caisse des dépôts et consignations, aux conditions de cet établissement.

« Les conditions des souscriptions à ouvrir ou des traités à passer, de gré à gré, seront préalablement soumises à l'approbation du ministre de l'intérieur. »

MM. le baron de Bussierre et Migneret, conseillers d'Etat, sont chargés de soutenir la discussion de ce projet de loi devant le Corps législatif et le Sénat.

RAPPORT

FAIT AU NOM DE LA COMMISSION, CHARGÉE D'EXAMINER
LE PROJET DE LOI AYANT POUR OBJET D'AUTORISER LA VILLE DE COLMAR
A CONTRACTER UN EMPRUNT [1],

par

M. Lefébure,

Député au Corps Législatif,

dans la séance du 15 avril 1869.

MESSIEURS,

La Ville de Colmar sollicite l'autorisation législative pour se procurer les ressources nécessaires à la réalisation d'une entreprise depuis longtemps projetée, et à laquelle se rattachent des intérêts considérables.

Il s'agit, en effet, de relier cette ville par la construction d'une voie ferrée, au chemin de fer allemand de Vieux-Brisach à Fribourg, chemin dont la concession a été récemment accordée à cette dernière localité par le gouvernement grand-ducal de Bade, et d'ouvrir ainsi, à l'Alsace centrale, des débouchés nouveaux vers l'Allemagne du sud.

Rattaché à la ligne qui doit franchir la chaîne des Vosges,

[1] Cette Commission est composée de MM. Gros, président; DOLLFUS, secrétaire; ROLLE, de BEAUCHAMP, LEFÉBURE, le Marquis de COLBERT-CHABANNAIS, DELAVAU, de PARIEU, PAUL DUPONT.

Les Conseillers d'État, Commissaires du Gouvernement, chargés de soutenir la discussion du projet de loi, sont MM. le baron de BUSSIERRE et MIGNERET.

dans sa partie méridionale, et dont la loi du 6 juin 1868 à décidé en principe l'exécution, ce chemin, tout en n'ayant que le caractère d'un chemin d'intérêt local, aurait pour résultat de mettre en communication directe nos régions de l'intérieur avec l'Allemagne et serait destiné, dans la pensée de ses promoteurs, à se souder avec la voie projetée de Fribourg à Ulm et Vienne, par Donaueschingen.

En ce moment, comme on l'a justement remarqué, sur la rive droite du Rhin, la forêt Noire s'étend parallèlement au fleuve et aux Vosges sur une longueur de 200 kilomètres, sans qu'aucune ligne ferrée la franchisse, et la vallée du Rhin se trouve, même en face de Strasbourg, privée de toute communication allant de l'est à l'ouest.

Il n'y a donc pas lieu de s'étonner que la nécessité d'une nouvelle voie ferrée, dans cette direction, préoccupe depuis plusieurs années les populations. La construction récente du chemin de fer de Colmar à Munster n'a pu qu'ajouter à ces préoccupations. La Ville de Colmar devait être la première à y prendre intérêt.

Cette ville, en effet, est située au centre d'un rayon où abondent les éléments de prospérité et auquel il ne manque que des débouchés plus étendus pour prendre un développement considérable. Les productions agricoles les plus variées s'y rencontrent et le seul commerce de ses vins, si les droits qui pèsent à leur entrée dans les États de l'union douanière allemande (20 fr. les 100 kilogr.) étaient réduits à un chiffre qui permette une large exportation, suffirait pour entretenir un mouvement important. D'un autre côté, de nombreux établissements industriels sont disséminés dans une série de vallées populeuses qui convergent vers Colmar; enfin, cette ville a l'avantage d'être située sur le bassin du canal des houillères, avec lequel la ligne projetée mettrait en contact direct les groupes industriels qui l'entourent. Ce devait donc être la tendance naturelle de Colmar de chercher à multiplier ses relations internationales et à créer un nouveau courant commercial favorable aux échanges.

Le vignoble alsacien d'ailleurs s'est, à toutes les époques, tourné vers l'Allemagne pour y chercher des débouchés naturels.

Ces considérations font suffisamment ressortir l'intérêt de cette localité à prendre l'initiative de la construction en question , et cet intérêt, votre commission, Messieurs, a été unanime à le reconnaître.

Appelé à se prononcer sur une entreprise qui a depuis longtemps éveillé sa sollicitude, le Conseil général du Haut-Rhin s'y est associé avec empressement, en votant en sa faveur, par application de la loi du 11 juillet 1865, une subvention de 10,000 francs par kilomètre.

Colmar, de son côté, a demandé la concession du chemin projeté pour une durée de 99 ans.

L'administration municipale a passé en même temps, avec la Compagnie du chemin de fer de l'Est, un traité par lequel cette Compagnie s'engage, la voie une fois terminée, à l'exploiter en régie, c'est-à-dire, sans risque de perte et sans bénéfices, moyennant le remboursement des frais d'exploitation qui seront retenus sur les produits.

La dépense de l'entreprise a été fixée à la somme de 2,860,000 fr.; dans cette somme, la subvention du département figure pour 200,000 francs, celle de l'Etat pour 960,000 francs. Il reste donc, pour former le contingent de la ville, une somme de 1,700,000 francs qui serait obtenue au moyen de l'emprunt, dont l'autorisation est sollicitée, et remboursée en 30 années.

L'amortissement de l'emprunt exige en totalité 3,266,000 francs, mais on le considère comme assuré jusqu'à concurrence de 1,140,000 francs, chiffre auquel est évalué le produit net de l'exploitation pendant la durée de l'amortissement, en comptant sur un bénéfice annuel de 2,000 francs par kilomètre et d'environ 40,000 francs pour l'ensemble de la ligne.

La ville trouve le surplus dans des prélèvements successifs opérés sur ses revenus ordinaires et sur les ressources extraordinaires de ses forêts. De 1870 à 1888 il pourrait être fait dans les bois communaux, d'après ce que constate le Ministre des Finances, des coupes extraordinaires dont le produit est évalué à 774,000 francs.

En présence des charges nouvelles que la Ville de Colmar demande à s'imposer, votre commission a dû, Messieurs, examiner avec soin la situation financière de cette ville, s'assurer que cette situation comporte de nouveaux sacrifices.

La ville a en ce moment à pourvoir à l'extinction d'un passif de 2,633,372 francs, provenant de plusieurs emprunts approuvés par des lois antérieures. Mais nous avons pu constater que l'excédant moyen de ses recettes ordinaires sur les dépenses de même nature est de 100,000 francs, et qu'elle n'a à imputer sur ses revenus qu'une somme moyenne de 46,315 francs jusqu'en 1888, pour le service de sa dette, garanti d'ailleurs par d'autres moyens encore. Il y a lieu de croire que les ressources municipales continueront à suivre la progression naturelle qui s'est manifestée dans ces derniers temps, et que la situation financière se trouvera ainsi naturellement soulagée.

D'autre part, il importe de remarquer que, si le chiffre de l'emprunt que la ville demande à contracter est élevé, il ne semble pas destiné dans la pensée de l'administration municipale, à peser exclusivement sur elle.

La ville entend, avant de s'engager dans l'entreprise dont elle prend l'initiative, s'assurer au moyen d'un appel au concours public, la possibilité d'adopter des combinaisons qui restreindront les sacrifices qu'elle s'impose à de justes proportions. Si elle ne peut pas compter sur la réalisation d'un système de garantie semblable à celui auquel une ville voisine, Munster, a eu recours, elle a lieu de croire à des souscriptions effectives de la part des particuliers et des industriels intéressés à l'exécution de la ligne projetée.

Enfin la ville croit devoir tenir compte, et des avantages ultérieurs que pourra lui procurer la durée de la concession (99 ans), et du développement que le trafic est appelé à prendre, à la suite de la construction successive des lignes auxquelles ce chemin se rattachera. Diverses évaluations portent au chiffre de 40,000 tonnes dès aujourd'hui le mouvement d'échange qui existe entre les deux pays. Indépendamment des nouveaux moyens d'échange que fait naître presque infailliblement la création de toute voie de communication ferrée, la ville estime que le transport des bois, notamment, donnera lieu à un trafic immédiat important, et qui sera appelé à s'étendre très-rapidement.

En résumé, Messieurs, votre Commission a pensé que l'importance et l'utilité de la ligne projetée se trouvent suffisamment démontrées, soit que l'on se place au point de vue du développement de la prospérité agricole et industrielle du département, soit que l'on envisage à un point de vue plus général, son influence sur nos relations internationales et son intérêt stratégique.

Considéré sous ce dernier aspect, au point de vue de la défense nationale, l'avantage de relier Neuf-Brisach à Strasbourg et à Belfort ne semble pas contestable. Les travaux projetés ont dû être examinés d'ailleurs, en raison de la situation de la ligne dans la zône militaire, par l'administration de la guerre, et elle y a donné son adhésion.

D'un autre côté, votre commission, Messieurs, après un examen attentif, ne croit pas que la situation financière de la Ville de Colmar s'oppose aux mesures qui doivent assurer la réalisation de ce projet, c'est-à-dire à l'emprunt que la ville demande l'autorisation de contracter.

Ses ressources lui permettent de faire face à cette charge nouvelle, allégée d'ailleurs par les combinaisons qu'elle a en vue dès aujourd'hui, et compensée par des avantages que les populations paraissent justement apprécier.

En conséquence, Messieurs, votre commission a l'honneur de vous proposer, à l'unanimité, l'adoption du projet de loi dont la teneur suit.

LOI

qui autorise la ville de Colmar à contracter un emprunt.

DU 1er MAI 1869.

NAPOLÉON, par la grâce de Dieu et la volonté nationale, EMPEREUR DES FRANÇAIS, à tous présents et à venir, SALUT.

Avons sanctionné et sanctionnons, promulgué et promulgons ce qui suit :

LOI.

(Extrait du procès-verbal du Corps législatif.)

Le Corps législatif a adopté le projet de loi, dont la teneur suit :

ARTICLE UNIQUE. La Ville de Colmar (Haut-Rhin) est autorisée à emprunter, moyennant un taux d'intérêt qui n'excède pas cinq pour cent, une somme de *un million sept cent mille francs* (1,700,000 fr.), remboursable en trente ans, sur ses revenus tant ordinaires qu'extraordinaires, pour le payement de son contingent dans la dépense d'établissement d'un chemin de fer d'intérêt local de Colmar à Neuf-Brisach.

Cet emprunt pourra être réalisé, soit avec publicité et concurrence, soit par voie de souscriptions, soit de gré à gré, avec faculté d'émettre des obligations au porteur ou transmissibles par voie d'endossement, soit directement auprès de la Caisse des Dépôts et Consignations, aux conditions de cet établissement.

Les conditions des souscriptions à ouvrir ou des traités à passer de gré à gré seront préalablement soumises à l'approbation du Ministre de l'Intérieur.

Délibéré en séance publique, à Paris, le 19 avril 1869.

Le Président,

Signé : SCHNEIDER.

Les Secrétaires,

Signé : Marquis de CONEGLIANO, MÈGE, MARTEL, BOURNAT.

(Extrait du procès-verbal du Sénat.)

Le Sénat ne s'oppose pas à la promulgation de la loi qui autorise la Ville de Colmar (Haut-Rhin), à contracter un emprunt.

Délibéré et voté en séance, au palais du Sénat, le 26 avril 1869.

Le premier Vice-Président,

Signé : P. BOUDET;

Les secrétaires,

Signé : CHAIX D'EST-ANGE, général, comte de la Rue ; SUIN,

Vu et scellé du sceau du Sénat ;

Le Sénateur-Secrétaire,

Signé : CHAIX D'EST-ANGE.

Mandons et ordonnons que les présentes, revêtues du sceau de l'Etat et insérées au bulletin des lois, soient adressées aux cours, aux tribunaux et aux autorités administratives, pour qu'ils les inscrivent sur leurs

registres, les observent et les fassent observer, et notre ministre secrétaire d'Etat au département de la Justice et des Cultes est chargé d'en
surveiller la publication,

Fait au palais des Tuileries, le 1er Mai 1869.

Vu et scellé du grand sceau,

Le Garde des Sceaux, Ministre-Secrétaire   Signé : NAPOLÉON ;
d'Etat au département de la Justice   Par l'Empereur,
et des Cultes,   Le Ministre d'Etat,
Signé : J. BAROCHE.   Signé : E. ROUHER.

RAPPORT

DE L'INGÉNIEUR EN CHEF DES PONTS ET CHAUSSÉES DU DÉPARTEMENT
DU HAUT-RHIN.

EXPOSÉ.

Le Conseil municipal de Colmar, en me faisant l'honneur de me désigner, par sa délibération du 13 juillet dernier, pour compléter les
études du chemin de fer de Colmar au Rhin, a exprimé le désir d'être
fixé sur le tracé définitif à adopter pour ce chemin, et surtout de connaître, aussi exactement que possible, le montant de la dépense que
son exécution occasionnera.

Le dossier que M. le Maire a bien voulu mettre à ma disposition
contient deux avant-projets. L'un, dressé en 1862 par M. l'Ingénieur
en chef Müntz, mon prédécesseur et M. Gauckler, alors attaché, sous
ses ordres, en qualité d'Ingénieur ordinaire, au service du département ;
le second, signé par M. l'Ingénieur en chef Müntz seul, et daté du 31
mars 1867.

La première de ces études se rapporte à la construction d'un chemin
de fer à deux voies, considéré comme tronçon d'une grande ligne
reliant directement Paris à Vienne et présentant, sous le rapport des
courbes et des pentes, comme des aménagements généraux, les condi-

tions voulues pour comporter la circulation de trains à grande vitesse et un trafic considérable.

La dépense, y compris le matériel roulant, en est évaluée à . . . . 4,500,000 fr.
soit, pour une longueur de 18k.8, une dépense par kilomètre de 239,360

Le second avant-projet, au contraire, est celui d'un chemin à une seule voie, établi dans les conditions usitées pour les chemins de fer, d'intérêt local à trafic modéré et à petite vitesse.

L'estimation en est, y compris également le matériel roulant, de . . . . 1,744,000 fr.
soit, par kilomètre, une dépense de 92,600

Le Conseil municipal a été frappé, avec juste raison, de l'écart extrême existant entre ces deux évaluations ; les différences admises dans les conditions d'établissement ne lui ont pas paru suffisantes pour l'expliquer et il désire être édifié sur le montant vrai de la dépense et le chiffre qui pourra, au point de vue pratique, servir de base aux combinaisons financières à adopter pour assurer l'exécution du projet.

C'est à cette dernière question que le présent rapport a surtout pour but de répondre ; quant à l'étude définitive du tracé, elle paraît devoir demander encore un assez long délai et le mieux est de ne pas en attendre l'achèvement pour arrêter et voter telles mesures financières qu'il y aura lieu en vue de l'exécution des travaux.

———

SITUATION DES ÉTUDES.

Tout, en effet, est encore à faire ou peu s'en faut à l'égard de cette étude définitive de la ligne projetée. Le tracé figuré sur les plans des avant-projets mentionnés ci-dessus est très-admissible dans son ensemble, mais certaines difficultés spéciales, dont la solution est restée jusqu'à présent en suspens, sont de telle nature qu'elles peuvent entraîner la modification du projet, à chaque extrémité, sur plusieurs kilomètres de longueur et intéressent en conséquence le chemin tout entier.

Ces difficultés sont celles relatives au raccordement de la nouvelle ligne avec le chemin de fer de Strasbourg à Bâle dans la gare de Colmar ; aux dispositions à adopter, d'accord avec le génie militaire, aux abords de la place de Neuf-Brisach, enfin à la détermination exacte du point où le chemin de fer franchira le Rhin pour atteindre Vieux-Brisach.

Dans les études précédentes on a simplement supposé que la voie projetée se raccorderait, vers le passage à niveau de la route départementale N° 5, avec les voies principales du chemin de Strasbourg à Bâle, sans prévoir aucune dépense soit pour effectuer ce raccordement, soit pour introduire, dans l'aménagement général de la gare de Colmar, les modifications commandées en vue du service de la nouvelle ligne.

Il existe plusieurs exemples de raccordement en pleine voie, de lignes secondaires avec des lignes principales et c'est ainsi, dans le voisinage même de Colmar, que le chemin de Sainte-Marie-aux-mines se rattache au chemin de Strasbourg à Bâle, mais cette combinaison présente au point de vue de l'exploitation, des inconvénients très-sérieux ; elle constitue une sorte de danger permanent pour la sécurité des voyageurs et on ne saurait critiquer la détermination prise par la compagnie de l'Est de ne plus l'admettre à l'avenir.

On pourrait, à la rigueur, en référer à l'administration supérieure, mais il est à présumer que sa décision serait la même que celle intervenue dans des conditions identiques pour la ligne de Colmar à Munster, telle qu'elle résulte de l'article 2 du décret du 5 août 1866 et aux termes de laquelle le raccordement a dû être effectué à l'aide d'une voie spéciale, la commune concessionnaire restant d'ailleurs chargée de supporter seule « les frais des modifications reconnues nécessaires, « dans la gare de Colmar, pour y installer le service de la ligne de « Munster. »

Le mieux est donc de chercher à s'entendre à l'amiable avec la Compagnie.

Je me suis mis, à cet effet, en rapport avec ses Ingénieurs, notamment avec l'Ingénieur en chef de la construction, M. Ledru ; j'ai eu avec ce dernier plusieurs conférences, mais je ne saurais préciser encore quels seront exactement les termes de l'arrangement à intervenir.

En principe, la compagnie demande à n'avoir aucune dépense à supporter et à n'admettre aucune disposition de nature à gêner, en quoi que ce soit, le service de la gare tel qu'il est actuellement organisé.

Ce sont là des exigences exagérées qu'elle devra abandonner en partie pour se maintenir dans les bornes de l'équité. La nouvelle ligne, quelque modeste qu'en puisse être le trafic, au début, amènera certainement des marchandises et des voyageurs sur le réseau de la compagnie de l'Est, celle-ci en profitera et il est juste non-seulement qu'elle se prête de meilleure grâce au raccordement projeté, mais encore qu'elle contribue à la dépense que ce raccordement occasionnera.

Deux combinaisons ont été proposées à cet effet à la compagnie, consistant à pénétrer dans la gare de Colmar soit par le Nord, soit par le Sud.

Dans le premier système, sans se raccorder directement aux voies principales, on pourrait emprunter une voie de service existant actuellement sur le côté gauche du chemin de fer et paraissant peu nécessaire à l'exploitation de la gare. La ville de Colmar ferait à ses frais les acquisitions peu importantes de terrain qu'exigerait l'élargissement de la plateforme, en vue d'y trouver l'emplacement de trois voies depuis la route départementale N° 5 jusqu'à la gare et supporterait également la dépense à faire pour déplacer ou plutôt pour riper simplement les voies principales sur une partie de cette longueur.

La ligne de Colmar au Rhin pourrait ainsi, atteindre, par une voie spéciale, les bâtiments de la gare de Colmar sans imposer aucune charge à la compagnie; mais celle-ci objecte que la gare actuelle est très-insuffisante, que le service d'une nouvelle ligne n'y serait pas possible sans une gêne extrême pour l'ensemble de l'exploitation et qu'elle ne saurait, en conséquence, adhérer à cette solution.

Peut-être la compagnie n'a-t-elle d'autre but que de profiter de cette circonstance pour arriver à élargir la gare de Colmar beaucoup trop-étroite, en effet, au droit du bâtiment des voyageurs et comme la nouvelle ligne est également intéressée à une amélioration de cette nature, le parti le plus sage à prendre c'est, tout en sauvegardant autant que faire se pourra, les intérêts spéciaux de la ville de Colmar, d'entrer dans les vues de la compagnie.

J'ai pensé, toutefois, devoir tout d'abord étudier, avec le concours de M. l'ingénieur ordinaire Roman une modification de tracé consistant à contourner Colmar au Sud pour atteindre la gare de ce côté.

Il a été reconnu que cette solution est parfaitement praticable, qu'elle ne présentait même aucune difficulté d'exécution, mais elle aurait l'inconvénient de produire un certain allongement de parcours, d'exiger l'expropriation de terrains irrigués, sur la plupart desquels existent des cultures maraîchères ou des jardins clos, de sorte qu'on ne saurait évaluer à moins de 100 à 120 mille francs l'augmentation de dépense qui en résulterait.

Ce n'est donc qu'à défaut de toute autre que cette dernière combinaison devrait être adoptée.

L'élargissement de la gare de Colmar constituerait, au contraire, une amélioration considérable qui, tout en étant moins dispendieuse à effectuer, serait à tous les points de vue infiniment plus utile. La compagnie de l'Est appelée à en profiter ne se refuserait pas, selon toutes les probabilités, à contribuer à la dépense ; la ligne de Munster elle-même pourrait peut-être fournir quelque concours et en procédant ainsi, à frais communs, tous les services intéressés obtiendraient satisfaction sans de trop lourdes charges. La ville de Colmar est, à cet égard, vis-à-vis de la compagnie de l'Est dans une situation des plus favorables pour obtenir une solution avantageuse ; les terrains de l'ancienne usine à gaz, enclavés dans les dépendances de la gare, sont en quelque sorte nécessaires à la compagnie pour compléter ses installations ; et en admettant que, dans l'arrangement à intervenir, ces terrains pourront figurer, à titre de concours en nature, à fournir par la ville de Colmar, pour l'agrandissement général de la gare, la compagnie aura tout intérêt à se montrer conciliante.

C'est dans ce sens que des ouvertures ont été faites aux ingénieurs de la Compagnie en réservant, de la façon la plus expresse, l'assentiment de l'administration municipale de Colmar ; mais, tout en adhérant, en principe à cette combinaison, la Compagnie demande à étudier avec détail les modifications qu'il faudrait introduire dans les dispositions actuelles de la gare, elle veut se rendre compte de la dépense à faire, et ce n'est qu'après ces études qu'elle formulera ses propositions définitives.

Jusqu'à ce jour, malgré mes démarches, la question est restée pendante et ce serait s'exposer à de longs retards, je le répète, que d'en attendre la solution pour passer outre.

Une situation analogue existe à l'autre extrémité de la ligne pour le tracé aux abords de la place de Neuf-Brisach et le passage du Rhin.

Je n'ai pas besoin de rappeler que rendez-vous avait été pris avec les Ingénieurs du duché de Bade pour le 9 octobre dernier à Vieux-Brisach, en vue de s'entendre, tant sur la nature de l'ouvrage à construire à la traversée du Rhin, que sur le point exact de la rive où la ligne devrait aborder le territoire Badois, et qu'au dernier moment, Messieurs les Bourgmestres de Vieux-Brisach et de Fribourg ont demandé un ajournement motivé par l'incertitude dans laquelle la municipalité de Vieux-Brisach se trouve à l'égard de l'emplacement à assigner à la gare sur son territoire.

Lors des précédentes études, on admettait que la nouvelle voie franchirait le Rhin à l'aval de Vieux-Brisach, à peu près en face de la porte de France ; maintenant, au contraire, on paraît disposé à préférer une ligne passant à l'amont de la ville, comme l'indique le tracé pointillé rouge figurant sur le plan de l'avant-projet de 1867.

Là encore existe donc une cause d'incertitude qu'il n'est pas au pouvoir de la ville de Colmar seule de faire cesser et à l'égard de laquelle on ne peut que prendre le parti d'attendre.

La conséquence la plus fâcheuse de cet état de choses c'est l'impossibilité dans laquelle on se trouve de terminer les conférences entamées avec le génie militaire pour fixer le tracé de la ligne aux abords de la place de Neuf-Brisach, puisque, suivant qu'on franchira le Rhin au Nord ou au Sud de Vieux-Brisach, suivant que le pont à construire pour la traversée du fleuve sera un pont de bateaux ou un pont fixe, les conditions que réclamera le génie militaire pourront être fort différentes et qu'on ne saurait les préciser par avance.

En présence de cette situation et de la légitime impatience qu'éprouve la population de Colmar d'être fixée sur cette affaire, il m'a paru utile d'entrer dans les détails qui précèdent afin de bien faire comprendre que si le projet définitif demandé par le Conseil municipal n'est pas encore dressé, après un délai de trois mois, ce n'est pas à l'Ingénieur chargé de cette étude qu'on en doit attribuer la faute, mais bien à des circonstances de force majeure qu'il n'était pas en son pouvoir d'écarter.

En résumé, dans l'état actuel, tant que la compagnie de l'Est n'aura pas terminé l'étude préalable qu'elle a demandé à faire pour la modification de sa gare en vue du raccordement projeté, on ne pourra pas arrêter le tracé des 4 ou 5 premiers kilomètres du chemin, puisque suivant qu'on s'entendra ou non avec elle, on sera conduit à se raccorder au Nord ou au Sud de Colmar et que, dans ce dernier cas, il faudrait adopter l'une des lignes tracées en pointillé rouge sur le plan d'ensemble s'étendant jusqu'aux abords de Horbourg et d'Andolsheim.

A l'extrémité opposée, tant qu'on ne se sera pas définitivement mis d'accord avec les ingénieurs badois et que le génie militaire ne sera pas à même de se prononcer sur les tracés aux abords de ia place de Neuf-Brisach, il sera impossible de choisir entre les diverses lignes figurées en trait plein ou en trait ponctué sur le plan et l'incertitude s'étendra, en conséquence, au chemin presque tout entier.

Il ne s'en suit nullement qu'on doive renoncer à pousser plus avant l'étude de l'affaire et en ajourner encore la conclusion.

Le pays à traverser, entre Colmar et le Rhin, est d'une tell e uniformité que pour évaluer les frais de construction d'un chemin de fer, il importe peu de savoir si le tracé définitif passera précisément par tels ou tels points éloignés de quelques centaines de mètres seulement les uns des autres ; quelque soit l'emplacement adopté, la longueur totale du chemin variera peu, dans son ensemble, et peut être comptée à 20^{km}.

Les cours d'eau, les canaux et les voies de terre à franchir seront les mêmes ; les ouvrages d'art ne présenteront que des différences insignifiantes, le nombre de stations restera constant ; on peut donc, dès maintenant indiquer, avec une extrême approximation, le montant de la dépense à faire pour l'exécution des travaux.

C'est à cette évaluation que j'ai pensé devoir, quant à présent, borner l'étude que le conseil municipal à bien voulu me confier.

Je me suis adjoint, à cet effet, M. l'Ingénieur ordinaire Roman, à qui la construction récente du chemin de fer de Colmar à Munster a permis de se rendre exactement compte de toutes les questions spéciales d'installation et des dépenses afférentes à l'établissement d'un chemin de fer du genre de celui projeté par la ville de Colmar.

Son rapport et l'estimation qu'il a bien voulu dresser, d'après les bases sur lesquelles nous nous étions préalablement entendus, se trouvent joints au dossier.

J'ai tenu, en outre, pour la partie du tracé située au-delà de Neuf-Brisach, et pour la traversée du Rhin, à connaître l'avis personnel de M. Gauckler, ingénieur ordinaire du service de la navigation, et je joins également au dossier le rapport que cet ingénieur a eu l'obligeance de rédiger à ma demande.

C'est d'après ces renseignements et l'étude à laquelle j'ai procédé moi-même, que je donne ci-après l'évaluation des dépenses à faire pour l'exécution du chemin projeté.

Ces dépenses sont de deux natures, les unes susceptibles d'être évaluées d'avance avec certitude, les secondes dépendant d'éventualités qui peuvent les faire varier dans de très-fortes proportions.

A l'égard des premières, je ne saurais mieux faire que de renvoyer à l'excellent travail de M. l'ingénieur Roman pour en donner le détail et justifier l'évaluation.

Je me borne à les rappeler, à peu près sans modifications, dans le tableau ci-après, en les faisant suivre d'explications très-sommaires.

ÉVALUATION DES DÉPENSES.

N°ˢ des ARTICLES	DÉSIGNATION DES OUVRAGES et observations SUR LEUR ÉVALUATION.	DÉPENSES.
1	**Acquisitions de terrains :** On ne fera cette acquisition que pour une seule voie et, eu égard à la configuration du sol sur la plus grande partie du parcours, la largeur totale à acquérir n'atteindra pas en moyenne 13ᵐ en pleine voie, compris talus, fossés et clôtures. M. Müntz, dans un tableau du 31 mars 1867 la porte à 16ᵐ 60ᶜ pour deux voies, et cette évaluation est très-largement établie ; en ajoutant 6 hectares pour les gares, stations, voies de garage et exigences imprévues, on obtient un total de 32 hectares de terrain à acheter ou exproprier. Quelles que soient les prétentions des propriétaires et en tenant compte de la traversée du Kastenwald et autres terrains de médiocre valeur il semble impossible que le prix moyen de l'hectare dépasse 7,500 fr. soit pour 32 hectares une dépense de.	240000 »
2	**Terrassements :** Les modifications qu'on pourra apporter à l'avant-projet du 31 mars 1867 ne sont pas de nature à augmenter sensiblement les terrassements, malgré l'allongement du parcours porté de 18ᵏ 8 à 20ᵏ. M. Roman évalue donc très-largement la dépense en la portant à 180,000 fr. et ce chiffre peut être admis.	180000 »
3	**Travaux d'art :** Le pont à construire sur l'Ill près de Horbourg aura plus de 30ᵐ d'ouverture ; sans présenter des difficultés exception-	
	A reporter	420000 »

N°^s des ARTICLES	DÉSIGNATION DES OUVRAGES et observations SUR LEUR ÉVALUATION.	DÉPENSES.
	Report	420000 »
	nelles, il demandera à être construit en matériaux de fort appareil et avec le plus grand soin ; toutefois la dépense n'en dépassera pas 100,000 fr. Je réduis en conséquence de 20,000 fr. le chiffre proposé par M. Roman, tant pour cet ouvrage que pour l'ensemble des autres ponts et ponceaux à exécuter.	206000 »
4	**Aqueducs :** Comme à l'estimation de M. Roman.	30000 »
5	**Passages à niveau :** Comme à l'estimation de M. Roman	26000 »
6	**Gares :** Cette partie du projet a été étudiée très-attentivement : j'ai recherché parmi les types admis par les Compagnies, quels sont les plus économiques et tout ce qui n'a pas paru rigoureusement nécessaire dans ces derniers a été supprimé ; j'ai examiné, en outre, s'il n'y avait pas lieu de substituer aux bâtiments tels qu'on les établit d'ordinaire, des ouvrages provisoires en charpente, destinés à être remplacés ultérieurement par des constructions définitives en maçonnerie, à mesure que les produits de l'exploitation permettront de faire cette dépense ; mais l'économie ainsi obtenue sur l'ensemble des travaux serait insignifiante. Les installations qui en résulteraient ne satisferaient ni le public ni la Compagnie exploitante et le mieux est d'exécuter de suite des bâtiments définitifs. Les chiffres auxquels je me suis arrêté, représentent donc une limite inférieure qu'il y aurait inconvénient à chercher à réduire, soit pour cet article	120000 »
7	**Clôtures :** Comme à l'estimation de M. Roman	18200 »
8	**Ballast :** Comme à l'estimation de M. Roman.	125000 »
9	**Rails et accessoires, traverses et pose de la voie.** Dans le détail estimatif de 1867 ne figure, pour cet article, qu'une dépense de 69,720 fr., mais il est aisé de voir	
	A reporter	945200 »

Nᵒˢ des ARTICLES	DÉSIGNATION DES OUVRAGES et observations SUR LEUR ÉVALUATION.	DÉPENSES.
	Report	945200 »
	que c'est là le résultat d'une erreur matérielle de multiplication, puisqu'on compte une longueur de voie de 20,324ᵐ à 30 fr. le mètre. Le chiffre exact était donc de 697,200 fr. D'après ce qui a eu lieu pour le chemin de Munster, la voie du nouveau chemin que l'on établira dans des conditions identiques peut être évaluée à 26 fr. par mètre au lieu de 30 fr. D'un autre côté, la longueur du chemin étant de 20ᵏ, il suffit de compter pour les cinq stations prévues une longueur supplémentaire pour voies de garage, croisements, etc., de 3ᵏ, soit en conséquence pour une longueur totale de 23,300ᵐ à 26 fr., une dépense de	598000 »
10	**Télégraphie, disques et signaux et mobilier des stations.** Comme à l'estimation de M. Roman	40000 »
11	**Maisons de gardes.** On pourrait, à la rigueur, ne pas construire ces maisons et les remplacer par de simples guérites ; mais il y a de sérieux inconvénients, pour le service, à avoir des gardes logés ailleurs que sur le chemin même et comme il faut, d'ailleurs, dans ce cas, les payer plus cher, l'économie est illusoire. Le garde devant être logé avec sa famille, on ne saurait admettre par maison une dépense de moins de 5,000 fr, soit pour les 4 maisons	20000 »
12	**Guérites.** Six guérites et pose à 250 fr.	1500 »
13	**Frais d'études, personnel et frais généraux :** La dépense à faire pour terminer les études sera insignifiante ; mais en vue de l'exécution des travaux il faut prévoir l'organisation d'un personnel spécial, le paiement des honoraires des ingénieurs (1 p. %) et divers frais généraux accessoires qu'il n'est pas possible d'éviter. M. Roman fait observer avec raison qu'on compte d'habitude 6000 fr. par kilomètre pour cet article, et il aurait même pu ajouter que ce chiffre est parfois de beaucoup dépassé ; si on en juge par le décompte que j'ai sous les yeux des dépenses faites pour la construction du chemin de fer de Châtillon-sur-Marne à Chaumont, décompte duquel il résulte que pour une longueur de chemin de 43 kilomètres	
	A reporter	1604700 »

N°ˢ des ARTICLES	DÉSIGNATION DES OUVRAGES et observations SUR LEUR ÉVALUATION.	DÉPENSES
	Report	1604700 »

372 les frais du personnel et les frais généraux se sont élevés à 530,207 fr. 30 cent., soit 12224 fr. 64 cent. par kilomètre.

En présence d'un précédent de cette nature je maintiens le chiffre de 4000 fr. par kilomètre proposé par M. Roman, bien qu'il me paraisse encore élevé, mais j'ai le ferme espoir qu'il ne sera même pas atteint, ci. . . . . **80000** »

Les dépenses que je viens d'énumérer sont celles, ainsi que je l'ai dit tout à l'heure, dont l'évaluation peut être faite d'avance avec une exactitude presque complète.

A ces dépenses il reste à en ajouter d'autres d'une appréciation plus difficile tant que le tracé définitif du chemin n'est pas arrêté, ce sont celles concernant le raccordement avec le chemin de fer de l'Est, la traversée du Rhin et les abords de la place de Neuf-Brisach.

14 — Raccordement avec la ligne de Strasbourg à Bâle :

Le raccordement de la ligne de Munster a coûté environ 80000 fr., et il est à présumer que la solution à adopter pour le raccordement de la ligne du Rhin devant présenter des conditions à peu près identiques, la dépense sera peu différente. J'estime cependant qu'il suffit de prévoir pour cet article, par les motifs que j'ai exposés au début de mon rapport, une somme de. . . . . **70000** »

15 — Pont sur le Rhin :

On avait généralement admis, lorsqu'il s'est agi de la construction du chemin de Colmar à Vieux-Brisach, qu'on franchirait le Rhin à l'aide d'un pont de bateaux. Au premier abord cette solution semble en effet devoir être la plus économique et il est tout naturel que la pensée vienne de la préférer à toute autre. L'exemple récent du succès d'un pont de ce genre, établi sur le Rhin même à Maximiliansau, à la hauteur de Carlsruhe, justifie d'ailleurs la faveur avec laquelle avait été accueillie l'idée de procéder de même au droit de Vieux-Brisach. Mais il y a longtemps que l'opinion des ingénieurs est arrêtée à l'égard de la prétendue économie afférente à ce système, et pour eux la construction d'un pont de bateaux constitue la solution la plus dispendieuse qu'on puisse adopter.

Les chiffres donnés par M. l'ingénieur Gaeckler dans son rapport joint au dossier en fournissent la démonstration la plus péremptoire.

| | *A reporter* . . . . . | 1754700 » |

N°ˢ des ARTICLES	DÉSIGNATION DES OUVRAGES et observations SUR LEUR ÉVALUATION.	DÉPENSES.
	Report	1754700 »
	Ainsi le pont de Maximiliansau a d'abord coûté, comme premier établissement, la somme de 466,335 fr, et dès les premières années, c'est-à-dire pendant qu'il est encore neuf, les dépenses d'entretien s'élèvent annuellement à 35000 fr. environ, et paraissent devoir atteindre prochainement 40000 fr. de sorte qu'aux 466,335 fr. de frais de construction, il faut ajouter, comme capital engagé, une somme de 800000 fr., soit en tout une dépense réelle de 1,266,335.	
	Un pont fixe, au contraire, ainsi que l'explique M. l'ingénieur Gauckler dont je partage l'opinion, pourrait ne coûter que 350,000 fr. environ, comme premier établissement et 20,000 fr. pour frais d'entretien, de renouvellement et de service, soit en tout un capital engagé de 750,000ᶠ seulement.	
	L'avantage au profit de ce dernier système est donc représenté par le chiffre de 500,000 fr. environ.	
	D'ailleurs il est à présumer que le gouvernement français et l'administration badoise ayant à leur charge commune, dans l'état actuel, l'entretien du pont de bateaux de Brisach donnant lieu, défalcation faite du produit du péage perçu, à un excédant de dépense de 6844 fr. 56 c., ne pourront pas refuser leur concours pour la construction d'un pont fixe destiné à les exonérer de cette charge et que la dépense a supporter exclusivement par les constructeurs du chemin sera réduite d'autant.	
	Je ne mentionne, toutefois, cette dernière éventualité que pour mémoire et j'admets qu'il y a lieu de compter dans la présente estimation la moitié des frais de construction du pont fixe en charpente, l'autre moitié restant à la charge du chemin badois, soit	175000 »
16	**Abords de la place de Neuf-Brisach.**	
	Bien qu'il n'ait pas été possible de terminer les conférences avec le génie militaire, M Roman, ainsi qu'il en rend compte, s'est mis en rapport avec M. le commandant de Neuf-Brisach et il en résulte la probabilité que la ville de Colmar devra s'engager à construire, pour la défense de la gare, bien que celle-ci doive être placée immédiatement sous le feu de la place, un ouvrage en terre évalué à 60000 fr. M. Roman présume que l'exécution de cet engagement ne sera jamais exigée, mais je ne saurais partager son avis et je porte en conséquence, pour cet article une dépense de . , ...	60000 »
	Total	1989700 »
	A reporter	1989700 »

N°ⁱ des ARTICLES	DÉSIGNATION DES OUVRAGES et observations SUR LEUR ÉVALUATION.	DÉPENSES.
	Report	1989700 »
	En ajoutant, comme d'habitude, une somme à valoir destinée à faire face à toutes les éventualités imprévues; somme qu'il est nécessaire, dans l'espèce, d'établir très-largement, pour éviter tout mécompte	210300 »
	On obtient pour le montant total de l'estimation, le chiffre de	2200000 »

J'ai la ferme conviction que ce chiffre pourra ne pas être dépassé en exécution, et je n'hésite pas à le proposer pour servir de base aux mesures financières à prendre par la ville de Colmar.

Il est essentiel, toutefois, de ne pas perdre de vue, à l'égard de ces mesures, que, suivant les combinaisons adoptées, il faudra, à la dépense pour travaux, ajouter une certaine somme pour frais de commission et d'emprunt, service des intérêts, enregistrement etc.

Je n'ai pas à ma disposition les éléments nécessaires pour calculer exactement ces frais accessoires et je n'en fais mention que pour mémoire.

ÉVALUATION

DU RENDEMENT PROBABLE DU CHEMIN DE FER.

Avant de terminer ce rapport il me reste encore une question importante à traiter, celle du rendement probable du chemin projeté, et ce n'est qu'avec hésitation que j'aborde ce sujet, tant les bases certaines font défaut pour établir des évaluations méritant quelque confiance.

M. l'ingénieur en chef Müntz a fait connaître son opinion à cet égard dans ses rapports de 1862 et de 1867. A cette dernière date il dirigeait le service des ponts et chaussées du département depuis près de 20 ans, il avait participé aux études et à la construction de la plupart des chemins de fer d'Alsace, il en avait pu suivre l'exploitation et comparer les prévisions des projets aux résultats réellement obtenus. Son expérience en cette matière était donc fort grande et je ne saurais, nouveau venu dans le pays, avoir la prétention d'apprécier les faits avec la même sûreté. Je ne peux donc que m'en référer aux évaluations présentées par M. Müntz à l'occasion de l'avant-projet du 31 mars 1867, d'après lesquelles le produit brut kilométrique serait de 5,907. 33.

C'est à peu près au même chiffre, en suivant une marche entièrement différente, qu'arrive M. l'ingénieur Gauckler dans son rapport joint au dossier.

On obtient, toutefois, des résultats plus favorables en appliquant des formules récemment proposées, à la suite de nombreuses observations, par un ingénieur des plus compétents [a] en fait de construction et d'exploitation de chemins de fer.

D'après ces formules et en admettant que le pont sur le Rhin soit construit et que la population de Vieux-Brisach, évaluée à 3500 habitants, puisse être comptée dans le calcul à faire, le produit kilométrique sur le territoire français serait de 8600 fr., environ.

Mais ces formules sont essentiellement empiriques ; on n'en peut accepter l'application que sous toutes réserves et dans l'espèce, le chiffre qu'elles donnent est celui du rendement à obtenir après cinq ou six années d'exploitation, lorsque les populations intéressées, l'industrie, l'agriculture et le commerce fourniront, d'une façon régulière, les éléments d'un trafic normal.

Jusque-là, il est sage de ne compter que sur un produit brut simplement égal aux frais d'exploitation.

Il serait aisé de présenter des calculs plus séduisants, en faisant intervenir les espérances qu'on peut fonder, soit sur le prolongement de la ligne de Munster à travers les Vosges jusqu'à Epinal, soit sur le raccordement de la nouvelle ligne avec le réseau rhénan ; mais j'estime qu'on aurait grand'peine, quant à présent, à faire avec quelque certitude, dans ces sortes de calculs, la part de l'imagination et celle de la réalité, et le mieux est encore de s'en tenir aux chiffres indiqués ci-dessus, c'est-à-dire rendement de 6000 fr. au plus dans le présent, suffisant pour couvrir, dès le début, les frais d'exploitation et légère

____

(a) M. Michel, Mémoire inséré dans le 2ᵉ cahier des annales des ponts et chaussées de 1868.

augmentation graduelle portant, après une période de cinq à six ans, le produit brut à 9,000 fr. environ, peut-être même à 10,000 fr.

Je ne pense pas avoir besoin d'insister plus longuement et le Conseil municipal trouvera sans doute dans les observations qui précèdent les renseignements nécessaires pour prendre, en parfaite connaissance de cause, la décision qu'il s'est réservée.

Je résume en quelques lignes ces renseignements.

MONTANT DES CHARGES

DE L'EMPRUNT A CONTRACTER.

Les travaux qu'il s'agit d'entreprendre coûteront . . 2,200,000^r »

L'Etat devant accorder une subvention du tiers de la dépense, ci . . . . 733,000^r »
et le département une subvention de
10,000 fr. par kilomètre, ci . . . . . 200,000 »

Total . . . . 933,000 »

La somme à fournir par la ville de Colmar, non-compris les frais accessoires d'emprunt, enregistrement, etc. , mentionnés plus haut, est de . . . . . 1,267,000 »

Soit en nombre rond . . . . 1,300,000 »

En supposant qu'un emprunt puisse être contracté au taux de 4 $^o/_0$ la somme annuelle, pour intérêts seulement que la ville devra fournir, sera de 52,000 fr.

Le chemin ne devant produire d'ailleurs au début aucun revenu, il faudra, à cette somme annuelle de 52,000 fr., ajouter celle destinée au service de l'amortissement.

Par sa délibération du 5 septembre 1868, le Conseil municipal avait déclaré persister dans sa demande de concession lorsque les calculs portaient sur un emprunt de 1,700,000 fr., à amortir en 30 ans, avec intérêts à 5 $^o/_0$.

Depuis cette époque des offres paraissent avoir été faites à la ville pour des prêts au taux de 4 $^o/_0$ et le présent rapport démontre que la somme à emprunter peut être réduite à 1,300,000 fr.

Dans ces dernières conditions, notablement moins onéreuses que les

précédentes , l'annuité d'amortissement serait réduite de 112,000 fr. [1]
à 75,179 fr. 13 c. et la ville pourrait y pourvoir à l'aide d'un prélèvement annuel de 63,000 fr. sur ses ressources ordinaires et d'une
somme de 12,000 fr. à prendre sur le produit des coupes extraordinaires comme le prévoyait la délibération du 5 septembre 1868.

On compterait l'intérêt à 5 % et le capital à emprunter serait porté ,
en tenant compte des frais accessoires , à 1,400,000 fr. que l'annuité
ne s'élèverait encore qu'à 91,072 fr. et qu'il suffirait pour l'acquitter
d'ajouter aux ressources de 74,000 fr., votées par cette même délibération du 5 septembre 1868 , une somme de 17,000 fr. à provenir du
rendement net du chemin de fer , soit 850 fr. par kilomètre, revenu
sur lequel il est permis à la rigueur de compter , même dès les premières années.

Ces conditions étant les plus défavorables qui puissent se présenter ,
il suffit de se reporter aux déterminations précédemment prises par le
Conseil municipal, lorsqu'il s'agissait de charges beaucoup plus lourdes,
pour prévoir quelle sera sa décision définitive.

Le Conseil persistera certainement à vouloir la construction du chemin , et cette décision sera d'autant mieux motivée que, dans tout ce
qui précède, les calculs proposés sont ceux que pourrait faire un simple
particulier voulant tenter, à ses risques et périls, une entreprise industrielle , tandis que l'administration municipale de Colmar doit se placer
à un tout autre point de vue, celui de l'intérêt général de la population.
Sous ce dernier rapport il n'est personne qui puisse mettre en doute
les avantages considérables à retirer de l'exécution du chemin de fer ,
par l'industrie en général et le commerce, appelés à profiter de facilités plus grandes dans les moyens de transport des houilles , des matières premières et des produits fabriqués ; par les propriétaires fonciers,
à cause de la plus-value certaine qu'acquerront les territoires traversés ;
par la population tout entière, par suite d'une voie nouvelle ouverte à
la circulation et à l'échange des combustibles, produits de consom-
mation et objets de toute nature entre l'Alsace et le duché de Bade ,
l'Allemagne et la Suisse.

Des communications directes de cette nature existent déjà entre les

[1] D'après les tables de Lacaille , récemment envoyées par l'administration des
travaux publics aux ingénieurs et dont les calculs méritent toute confiance, cette
annuité serait de 110,586 fr. 91 c. et non de 112,000 fr.

pays limitrophes pour Strasbourg et Mulhouse ; elles tendent à faire prendre à ces deux villes une prépondérance de plus en plus marquée sur Colmar et il y a pour celle-ci un intérêt capital à lutter contre cette tendance par l'ouverture du chemin projeté.

Je ne parle que pour mémoire de la faculté offerte aux habitants de Colmar, de faire, à peu de frais, des excursions sur les bords du Rhin et dans l'une des parties les plus pittoresques du territoire badois, bien que cet avantage soit certainement l'un de ceux appelés à être le plus vite et le mieux appréciés par le plus grand nombre d'entre eux.

DÉLAIS PROBABLES
D'EXÉCUTION DES TRAVAUX.

La construction du chemin projeté pouvant être considérée comme certaine, il convient d'examiner dès maintenant dans quelles conditions et dans quels délais les travaux pourront être exécutés.

Les propositions de la Compagnie de l'Est, à l'égard du raccordement du nouveau chemin avec la ligne de Strasbourg à Bâle, ne sauraient tarder à être connues [1], et la partie du tracé restée en suspens de ce côté pourra être immédiatement arrêtée.

L'emplacement du chemin serait ainsi fixé entre Colmar et Wolfgantzen.

De même, à l'autre extrémité, une dépêche venue le 8 novembre courant de Vieux-Brisach, annonce qu'un marché a été conclu pour l'exécution des travaux sur le territoire badois, de sorte qu'on doit s'attendre à une solution très-prochaine à l'égard de la question du passage du Rhin.

Ce dernier point réglé, les conférences seront reprises avec le Génie militaire et comme toutes les combinaisons probables ont été examinées d'avance l'entente sera également promptement établie de ce côté.

Avant la fin de l'année courante le tracé définitif pourra être arrêté et soumis au Conseil municipal.

Cela fait, on procédera immédiatement à l'exécution du plan parcel-

---

[1] Aujourd'hui même, 12 novembre, après que ce rapport était rédigé, nous avons reçu de M. de Beausobre, ingénieur de la Compagnie en résidence à Strasbourg, une communication sur le degré d'avancement de cette étude dont il est spécialement chargé. Il s'en occupe activement et promet déterminer à très-court délai.

laire et aux enquêtes prescrites par le titre II de la loi du 3 mai 1841 sur l'expropriation.

Ces enquêtes et les formalités à observer à la suite peuvent occasionner de longues pertes de temps, mais la propriété étant peu morcelée sur le parcours du chemin, il est à présumer que non seulement dans la traversée du Kastenwald, mais encore sur la plus grande partie du tracé on parviendra à acquérir des terrains à l'amiable de manière à pouvoir, dès que les fonds seront disponibles, commencer sans délai les terrassements.

De même dès qu'on sera tombé d'accord sur le système de pont à adopter pour franchir le Rhin et sur l'emplacement de cet ouvrage, l'exécution pourra en être immédiatement commencée.

L'important serait d'ouvrir, dans le délai le plus court possible, la section comprise entre Colmar et le bassin du canal ; mais il est à craindre, ainsi que cela arrive toujours dans le voisinage des villes, qu'on ne réussisse pas à acquérir tous les terrains par la voie amiable et si l'expropriation devient nécessaire on ne saurait compter sur un délai de moins de six mois pour en accomplir les formalités.

On ne saurait donc préciser une date certaine pour l'achèvement de cette première partie du chemin, mais dans tous les cas, dès le commencement du printemps prochain, si le Conseil municipal le désire, on sera certainement à même de se mettre à l'œuvre et d'utiliser ainsi, pour l'exécution des travaux, la campagne tout entière de 1870.

Même en tenant compte de causes imprévues de retard la ligne entière pourrait être ouverte avant la fin de 1871.

Il ne me semble pas utile d'indiquer dans ce rapport comment devrait être organisé le personnel d'exécution des travaux. La délibération du Conseil municipal du 13 juillet dernier n'a fait mention que des études définitives du projet ; dans le cas où l'intention du Conseil serait de m'en confier également l'exécution, j'ai lieu d'espérer qu'il voudra bien me laisser toute latitude pour le choix de mes collaborateurs et l'adoption des mesures que je jugerai les plus propres à garantir les intérêts de la ville de Colmar et la bonne exécution du chemin de fer.

Colmar, le 12 novembre 1869.

L'Ingénieur en chef, Signé : DEGRAND.

www.ingramcontent.com/pod-product-compliance
Lightning Source LLC
LaVergne TN
LVHW012230170720
843503LV00005B/2366